평생平生바다

* 본문 페이지에서 한 연이 첫 번째 행에서 시작될 때에는 〈 표기를 합니다.

지성의 상상 시인선 046

평생平生바다

서상만 시집

지성의상상

■ 시인의 말

여든 넘도록 살아보니
짐짓 내 삶도
평생 바다 같이 살았다

촌음 여생 寸陰餘生 또한
저물 때까지는

물결처럼 철썩이다
파도처럼 부서지며
바다 같이 살다 가리라

2025년 新春 無所軒에서
서상만

■ 차례

1부

평생바다 1	23
평생바다 2	24
평생바다 3	25
평생바다 4	26
평생바다 5	27
평생바다 6	28
평생바다 7	29
평생바다 8	30
평생바다 9	31
평생바다 10	32
평생바다 11	33
평생바다 12	34
평생바다 13	35
파도는 나더러	36
방 하나만 있으면 하네	37
나 지금까지 살아있어서	38
파도와 들개	39
그 집, 아버지 별장	40
원願 없는 집	43
초록바다	44
독백	45

연수 아제	47
스냅	48
비치 펜션	49
너털웃음 파도 소리뿐	50
어느 날, 감포甘浦바다	51

2부

갈매기	55
구만 친구	56
그리운 딴봉	58
내 고향 창천蒼天 바다	60
만선滿船	61
바닷속에서는	64
소라고둥	66
그리운 호미곶	67
분월포 1	69
분월포 2	70
분월포 3	71
분월포 4	72
분월포 5	73
분월포 6	74
분월포 7	75
분월포 8	76

소 떼 울음소리 뒤의 저녁노을	77
수평선 1	79
염장술	80
파도타기	81
간월도 저편	82
나는 그래도 구만으로 간다	83
나의 미역 돌 바다	84
목선木船	86
문어	87
부처 바위	88
빗돌	89
앞 구만 파도	90
몰개울의 정구지꽃	92
비 내리는 安眠島에서	94
빼붕꽃 필 무렵	96
노숙露宿	99

3부

밴댕이젓	103
물 위의 간이역	104
수평선 2	105
빈 배	107
감포 바다	109

흔적	110
솔바람 향기	111
갈매기 굿판	112
개, 세 마리	113
고래의 길	114
고향길	115
과메기	116
관음觀音의 길	117
근황近況	118
끝물	119
끝출이와 석방우	120
나 죽어서	122
눈물의 무게	123
능노는 물이랑	125
답답한 날	126
돌비석 하나	127
물미역	128
미역밭에서	129
바다 묘지	130
바다 저울	131
돌아온 꿈	132
접신接神	133
고래 국	134
구룡포九龍浦의 밤	136

4부

바다 철학哲學	141
뱃사람	142
보릿고개	143
보살 1	144
보살 2	145
부챗살	146
북소리	147
불면	148
불치병	149
사선을 넘어서	150
세상에 없는 집	151
소실점消失點	152
여념餘念의 바다	153
호미곶 구만리	154
영일만 2	155
오독誤讀의 바다	156
잃어버린 시간	157
저녁 바다	158
절곡絶曲	159
조각달이 불러내어	161
태풍	162
파도치는 이유	163
풍찬노숙風餐露宿	164
호미곶 편지	165

바람길	166
서쪽	167
편서풍	168
형님	169

5부

바람의 연서戀書	173
그믐달만 자갈밭에	174
몽매간夢寐間	175
새여, 아소만阿蘇灣에 쉬었다 가라	176
오륙도	177
청사포靑砂浦	178
詩의 바다	179
다대포의 밤	181
가자미 낚시	182
을왕리 꽃	183
아픈 책력冊曆	184
차라리 섬이라면 몰라도	185
홍게의 길	186
숲실	187
살신보시殺身布施	188
잠 못 드는 바다	189
자반 한 손	190

초겨울 남도南島 아미타불	192
조선소나무	193
남해안 나들이	194
월보시비月甫詩碑	195
파도 너머 내일은	196
들포를 지나며	198
푸른 비린내	199
빛과 그림자들 8	200
빛과 그림자들 9	201
빛과 그림자들 19	202
빛과 그림자들 22	203
고래	204
신들린 날	205
대동배大冬背	206
그, 봄 바다	207

6부

어리석은 바다	211
푸른 비망록	212
별이 깜빡일 때	213
멸치	214
새끼 오징어	215
피난길, 1950년 8월	216

구덕포九德浦	217
하조대 저녁 바다	218
영일만 1	219
대마도 기행 2박 3일	220
모란이 지려는데	222
망부석望夫石	223
섬(島)	224
동해소묘	225
포물선抛物線	227
갈매기 近況	228
홍도紅島에서	229
다시, 나의 창천蒼天 바다	230
소년이, 노인이 되어	231
구만리九萬里 비	232
대왕고래	233
갓길	235
채곽기採藿期	236
밤바다	238
차마 할 수 없는 말	239
겨울 바다	240
부산釜山	241
모래밭 연정戀情	242
홍련암紅蓮庵 해당화	243
꿈 지우기	244

후기 245

1부

평생바다 1
−나의 호미곶 바다와 갈매기에게

　무적霧笛의 새벽 바다는 처음부터 적막이었다 부웅부웅 등대 소리가 내게는 사람 잡아먹는 귀신 소리처럼 무서웠다 멀리 점점이 새벽 물 보는 작은 고깃배들 안개 속에 묻혔다 말다 가물거리고 갈매기는 길을 잃어 호미곶 능선을 마냥 맴돌고 있었다. 가끔 비행이 고달픈 갈매기는 속도를 줄여 수면을 할퀴며 비표를 남기기도 하며 대오를 싫어하는 오만한 갈매기는 끼루룩 끼루룩 바다를 애무하며 바람으로 깃털을 쓰다듬고 저도 여기가 고향인 듯 떠날 줄 몰랐다 등대 소리에 놀라 어머니 품에 안겨 울던 내 유년의 꿈은 나이를 먹으며 차차 무르익기 시작했다. 나도 한번 날아봐야지 나비처럼 날아서 갈매기처럼 울면서 영일만 저쪽 여남汝南의 바윗돌에 앉아 내 고향을 바라봐야지− 파도가 지나가면 암영의 그림자가 소리치며 울었다 늙은 그림자처럼 잠자고 늦게 일어난 갈매기는 보다 엄숙하게 울며 읊조린다 하늘이여, 제게 한 번의 기회를 주소서 안개를 박차고 빛을 물고 바닷속 물고기를 낚아챌 기회를− 그것은 갈매기의 소망이자 나의 소망이었다 존재의 본질인 자유를 위해 더 높이 날아 하늘 밖으로 사라질지라도 장엄한 바다를 가슴에 안아보는 통쾌한 그날이 그리웠다

평생바다 2

오늘도 바다는 지열을 식히려 비바람을 불러 파도로 출렁이며 몸부림치다가 천파만파 갈가리 일어서고 때로는 단호하게 침묵하고 그러다 하늘이 허락하면 고요한 바다에 강설의 눈보라로 노래한다 누가 이 평화의 설원을 정복할 것인가 神이 아닌 그 누구의 獨居일까 가장 거대하고 신성한 정신이 가슴을 열어 놓고 기다리는 곳, 밤이면 내 영혼을 두드려 회오리치며 물고기마저 잠재우고 해저에 웅크린 바윗돌을 위로하고 있다 바다여 나까지 잠재우라 내 옹슬의 울음과 눈물을 닦아주고 꿈꾸어 온 원대한 세계로 인도하라 그리하여 심연에 춤추는 저 물풀들과 어린 물고기들과 노래하게 하라 달빛이 끌어당긴 물이랑이 바다를 경작하듯 은빛 싸라기를 뿌리고 가난한 어부들을 불러들이는 저, 미친 바다 지친 어부여 언제나 바다와 어부와 나는 불면의 뜨내기, 멀리 부엉이 우는 소리가 귀에 익숙해진 밤바다는 우리들 부족한 주머니에 노자 같은 기쁨이기도 했네

평생바다 3

 봄 바다 파릇파릇한 물 나물은 춘궁을 이기는 눈물겨운 양식이었지 희망의 고래는 어디 숨었는지 멀리 안강망 그물 터는 소리가 배고픈 소년에겐 실로폰 소리 같이 꿈을 키웠고 해변의 낭떠러지엔 들풀이 배짱 좋게 마구 피어서- 그래 차라리 그 눈물 없던 그때가 좋았다. 신사년 초 사월 모란이 돌담에 만발한 오후 나는 가난한 어머니의 고통도 아랑곳없이 큰 소리로 울며 세상에 태어났다 나는 등대 소리와 밤 부엉이 우는 소리 파도 소리 바람 소리를 들으며 자랐고 멀리 전쟁의 포화 속에 불타오르는 영일만 대안의 불꽃을 바라보며 어린 맘에도 우리끼리 왜 싸우나 아무리 시대가 이데올로기로 변질되었다 쳐도 민족의 뿌리는 어디 가고 조국의 영예는 어쩌란 말인가 아직도 불행한 역사는 반세기가 넘도록 부끄러운 그대로다 반도는 늘 묘연한 난세의 구도자처럼, 이 땅은 열강의 밑 값으로 잔존해 왔다 해도 과언이 아니다 그러나 냉전이라는 악몽도 언젠가 역사의 물결에 씻어지리니 오늘의 명멸은 우리를 다시 깨우치고 일어서게 할 것이다 오, 우리의 바다 나의 바다는 영원히 갈라놓지 못하리 날아라 갈매기여 너라도 산들바람 불러 이 불행을 증명하여라 이 땅은 너희들도 분명 주인이다

평생바다 4

　전쟁은 고향도 객지도 구별 안 되는 황량한 갯가의 빈촌 그 자체였다
　춘궁에 버려진 개들은 들개가 되어 해변을 쏘다니며 삭아 내린 조개껍데기에 코를 비비며 떠돌았고 우리는 밤마다 이밥에 고기반찬 꿈을 꾸곤했다 이미 바다는 기름 연기 날리며 통통배 오가던— 그 뱃고동 소리의 바다는 아니었다 함포로 무장된 전함이 바다를 메우고 날마다 연막탄이 공중에 뿌려지는 죽음의 피바다였다 전쟁이 멈추자 바다는 무료한 막장의 슬픈 무대처럼 외롭게 출렁거렸다 다시 시작하는 바다, 삶과 죽음이 필연인 생명의 바다, 바다는 다시 요동쳤다 맞아 정지된 바다는 부패하는 거여 낮에는 더 밝은 태양을 만나고 밤이면 달빛에 스며든 물고기도 춤추고 연안의 대안은 푸른 숲으로 우거지고 그 옛날 뱃고동 소리를 다시 들을 수 있을 것 같았다 이 세상에 영원이란 없지만 때로는 그 말이 우리에게 열락을 가져오는 神의 가호로 여겨졌다

평생바다 5

  구만리 해변 분월포는 일출을 돌아앉아 잘못된 시대의 유배지처럼 하루하루가 삼동처럼 추웠다 노쇠한 인생이 서녘을 바라보고 절명시를 읽는 것처럼 오직 황금빛 노을 아래 출렁이는 금빛 바다가 위로이자 기쁨이었다 해안 절벽 소로에 앉아 내 덜 익은 사유에 불을 댕겨보는 나날도 누구 하나 그리 쉽게 알아보는 자 없고 파도를 밀고 지나가는 바람 같았다 길가의 엉겅퀴 꽃은 자랑스레 피어 가끔은 가슴에 불을 붙여 주었지만, 결국 을사년 오월 초이레 어머니는 빈 배를 타고 세상을 떠나셨고 그 애환의 마지막 왕대 울타리 서녘 집은 아버지의 추상같은 유지로 호미곶 순환 일주도로 건설에 무상 헌납하여 큰길이 되었다 없어진 그 집을 우리 형제들은 지금도 듣기 좋으라 아버지 별장이라 부른다 나는 다시 세상 풍파로 얼어붙은 입과 못 먹고 못 입은 넝마의 풍신 없는 모양새로 돌아왔다 그러나 바다의 고독은 나의 재산 여기서부터 더 치열하게 다시 시작하는 나의 항해여

평생바다 6

 바다는 우주 빅뱅으로 토막 난 지각을 수습하고 생물을 진화시킨 어머니, 인간에게 물의 역사를 심어준 어머니가 아닌가 지금도 물은 우리에게 사유와 발명과 꿈을 적셔주고 있지 않는가 만일 바다가 없었다면 지각은 황량한 폐허의 마른 땅, 아니 흙먼지로 사라지는 기체였을 것 비록 모험을 즐기는 자의 난파선과 물고기의 떼죽음이 있었을지라도 우리에게 바다는 그 모든 걸 안고 유유히 출렁대고 있지 않는가 인간의 영혼도 물의 역사가 없었으면 메말라 버렸을 거다 바다는 결코 얼지 않는다 보라 저 만년설도 유빙으로 떠돌다 끝내는 어쩔 수 없이 녹아내리지 않는가 그렇다 바다는 불(火)로도 다스리지 못할 만큼 완강하다 무지막지한 산바람도 여기까지가 한계다

평생바다 7

 우리는 자연의 트릭(trick)을 잘 모릅니다 혹, 바다 밑은 아직도 인간이 확인하지 못한 상상의 세계가 존재하고 거기엔 미래를 여는 신화가 잠들어 있을지 모릅니다 그 바다는 지상의 과학 발전 이상으로 더 빠르고 진화된 신비의 세계가 숨겨져 있을지 모릅니다 인간이 얼마의 바다를 제대로 확인했을까요 우리가 알고 있는 해저의 바닥이 단순 지상과 연결된 단층계라고 보지만 혹 먼 우주에서 고분자 알갱이로 스며든 유기물의 생명체가 해저 뚜껑을 열고 지상의 인간세계보다 더 뛰어난 생물로 진화해 존재하고 있을지도 모릅니다 아직도 키 2미터 50, 35센티의 빅풋이 지구를 어슬렁거린다는 미스터리가 전설처럼 분분하며 천체의 범종설도 존재하는 마당에 혹 엉뚱한 불의 세계? 시인이 사랑하는 바다의 실체는 정말 흥미롭고 신비로운 비의의 세계임이 틀림없습니다 그 광기의 세상에서 가장 어려운 자기 승리, 그것을 누구에게 증명해 보이는 일— 그 얼마나 위독하고 힘든 일이 아닐까요

평생바다 8

 나, 울음 그치고 일어서는 오늘은 물결도 우물쭈물 멈춰 서고 하늘은 낮게 내려앉았네 잠시 잠깐 바다는 나를 해방시켜 피투성이 삶의 전장으로 내몰았고 나는 오랫동안 슬픈 시장기를 달래는 데 급급했다 그러면서 나를 이끌어가는 힘은 나비처럼 춤추기 시작했다 밤마다 내 소금배는 고둥 소리 울리며 밤바다를 가르며 새로운 뭍을 향해 달리고 있었다 이 서러운 영혼처럼 언젠가는 나도, 울음이 타는 바다 노을에 잠겨 창연히 출렁대다 홀연 사라질 것이므로

평생바다 9

 사물의 영혼, 생물이야 물론이지만 무생물도 영혼이 있다고 본다 분명 깨어 있는 영혼과 잠자는 영혼- 우리가 어떤 사물에 접했을 때 우리에게 전달되는 감동은 그 사물의 영혼과 교감하는 깨어 있는 영혼이다, 사시사철 깨어 있는 바다, 바다는 무시로 변하다 꽃다발이 융숭한 장미꽃처럼 곧 편안히 눕는다 푸른 물살을 몸에 감고 늦가을 낙엽처럼 잠들기도 한다 새벽 물 보는 어부의 고깃배도 받아 안는다 아마 바다는 잠시 눈을 떴다 감았다 하며 그 윽한 미소로 잠드는 척하는 것 같다 새로운 의문이 생기면 바다는 다시 무섭게 요동친다 하늘이 내린 한계를 언제든지 받아주겠다는 결심 바다는 바다가 할 일을 하겠다는 것이다 바다는 자연의 시시한 권력에 아부하거나 항복하지 않는다 바람의 권력도 통과시켜 버리는 담대한 자신을 갖고 있다 바다는 위대하고 정말 당당하구나 그러다 천국의 미소처럼 다정다감하구나

평생바다 10

오늘은 녹색 바다와 하늘이 수평선이란 중매쟁이에 매달려 희롱이다 곧 해가 뜨면 진실은 탄로 나고 갈매기는 혼돈에 빠지겠지 이럴 땐 정신 줄을 놓아야 한다 공연히 정신은 어떻고 영혼은 어떻고 강철 같다느니 바윗돌 같다느니 쇠망치 소리로 훔치는 그런 흔해 빠진 수사로 산을 들추고 신을 호출하며 바다를 노래하지 마라 그냥 걷다가 다리 아프면 쉬어가고 그도 저도 아니면 먼 집으로 돌아가야 한다 그래 떠날 때가 돼서야 위로를 받나 보다 나의 외로운 詩여 앞도 옆도 뒤도 안 돌아보고 맨몸으로 달려왔다 언제나처럼 내 詩는 그러나 이제부터 나는 자유다 그 누구도 속박할 수 없는 자유, 나의 무한한 가능성에 존재하는 자유, 그 누구의 간섭도 받지 않는 자유 그 선언적 죽음은 그 이상 그 이하도 아닌 천국으로의 귀가다 이제 나는 떠나야 한다, 이미 뼛골이 삭아 내린 가을꽃 아닌가 오, 영원에 잠드는 아름다운 귀가여

평생바다 11

　사랑도 죽음도 다 바다에 있다 바다는 천국이다 언제나 풍만한 가슴을 활짝 열고 손을 내미는 내 詩의 수사는 물이랑과 물보라와 저 벼랑 끝 바위에 흩어지는 파도일 뿐이다 혼자만의 고독, 그 고독은 힘이 없다 노을에 뿌려놓은 저녁 새처럼 길을 잃는다 태풍이 와도 나의 편이다 태풍의 눈과 귀와 혼이 결국 바다에 녹아버리는 무료함 때문이어라 바다는 상처도 없다 버릴 것도 없고 빼앗길 것도 없다 변화무상의 위대함이여 바다는 거울이여 내 속까지 다 비춰보는 점쟁이구려 나는 오늘 많은 편지를 써서 수많은 물고기에 나눠주며 배달시키려네 우리의 자유로운 영혼을 위해 이 세상 모든 사랑하는 이에게 전해달라고,

평생바다 12

  나는 죽어서 무엇이 될까 호미곶 떠도는 갈매기 될까 3월 저녁 무렵 뜨는 초생달이거나 물속 춤추는 고리매거나 울며 나는 종달새거나 슬픔과 탄식을 진정시킬 그 무엇으로 죽었다가 다시 사는 존재의 초월이다 나는 신비주의자가 아니다 삶에 울며불며 사방 떠돌다 보니 그 하찮은 터줏대감 소리 하나 들어보지 못한 뜨내기 시인이 돼버렸다 아내도 다 떠나보낸 돌무덤가에 바위처럼 혼자 엉엉 울다 오는 밤

평생바다 13

  무릇 삶이란 자기 근본에 충실해야 하므로 언제나 성찰은 정신적 철이 덤이다 나의 문리文理를 낳아준 나의 고향, 누구보다 내가 잘 아는 곳, 어느 날 묻힐 곳 아닌가 그동안 나의 불우했던 여정의 향수를 불러보는 지금은 귀향자의 처지지만 나의 돌아갈 바다의 실체— 바다 없이 바다를 알 수 없고 아버지 어머니 없이 이 몸이 있었을까 문학이 고난을 이기는 수단이었다면 바다는 불멸하는 법을 우리에게 가르쳐주고 있다 세상천지 어디 불멸이 있을까만 근본의 도달은 나의 시 정신의 모토랄까 다시 돌아갈 운명의 힘에 주어지는 철학이랄까 더러 우리는 고향에 대해서 너무 냉소적이거나 고향 바다에 대해서 막연하게 통과해 버렸다 그러나 바다는 멀리 떠나간 자도 다 기억에 두고 수용한다 삶이 핍박해서일까 그러나 시인의 가슴은 그럴 때마다 더 생각하고 파도처럼 늘 아프게 철썩인다

파도는 나더러

파도는 나더러 말해주네
바위같이 늙었다고
그렇게 두들겨 맞아도
그럭저럭 좋게 늙었다고
내 입과 코가 문드러져
옛 얼굴이 아닌데도 말이지

방 하나만 있으면 하네

이래저래 다 살아가지만
사람 마음 참 고약하다
내 소원은 고향 바다 언덕
한 여남 평 슬레이트집에
방 하나만 있으면 하네
바다 내다볼 창 하나 내고
서책 한 보따리 풀어놓고
차 끓일 앉은뱅이 탁자
파도에 밀려온 잡목 주워
방 데울 구들 하나 깔고
남은 날 그리 좀 쉬다 갈
자그만 적소適所면 하네

나 지금까지 살아있어서

통통배들 기름 연기 뿌리다가
전쟁의 불바다가 되었다가
대형 화물선 여객선 잠수함 등
영일만은 반도의 동쪽에
웅비의 꼬리를 다시 틀었네
그 얼마나 비장한 세월이던가

그러나 아프다, 불거진 호미곶
잃어버린 지난날, 그
뱃고동 소리 들을 수 없고
멀리 떠나간 사람 오지 않고
휘감은 곶(岬)의 갈매기만
바람에 날리며 울고 있어서

파도와 들개

봄 바다는 이글이글 파도로 물이 올라
배고픈 해변에 자꾸만 거품을 부려놓고 있다
한 떼의 들개무리 가다 서며 오다 서며
뭍으로 밀려오는 흰 파도를 흘낏흘낏 바라본다
배고픈 들개인들 춘궁이 따로 없다
언젠가 얻어먹든 보리개떡이 자꾸만 눈앞에
밀려오는 그것은 파도가 아니라
누군가 던져주는 먹잇감 같아 입을 벌려 섰다
가다 섰다 오다 섰다 자꾸만 걸음이 느려지며
콧잔등에 침을 발라대는 개떼들의 오후

그 집, 아버지 별장

우리는 그 집을 지금까지
그냥 듣기 좋으라
아버지 별장이라 부른다

고향 떠났던 수십 년 후
병든 어머니 모시고
다시 돌아와 살던 우거

왕대 울타리 서향집이지만
뒷산 비탈께 샘물은
쉴 새 없이 솟아주고

저녁이면 영일만 노을이
오롯이 찾아드는
비탈길 해안은
밤마다 잔물결이 와서
차르르 차르르 놀다 간다

때로 밤 부엉이 우는 소리

바람 소리 파도 소리가
밤잠을 깨우던 곳

아 그래보니 그 별장,
호미곶 일주도로 건설에
무상으로 헌납하란
아버지의 추상같은 유지로
큰길이 되었다

아버지 어머니는 가셔도
차도로 툭 터인 해변도로
이 길이 아버지 어머니의
고향 사랑이었을까

온종일 갈매기는 끼루룩
끼루룩 능선을 휘돌고

달 뜨는 밤이면
아버지의 명당경明堂經과

어머니의 남도창 가락이
자꾸만 귓전을 감도느니

원願 없는 집

이제 헤아려보니 고향에
땅 한 평도 남긴 것 없구나
내 어머니, 장군봉 아래 모셨고
아버지 아내의 유택은 객지에 뒀다
고향 그곳 바닷가 언덕배기 길 끝
내 詩碑 하나 초라하게 서 있을 뿐

먼바다 내다뵈는 여남은 평짜리
오두막집 하나 지어놓고
살다 갔으면 싶다

초록바다
—여든넷 생일에

이 나이 되니 마, 고향에 가고 싶다
지금은 남의 집
돌담 안은 붉은 목련꽃이 만발하고
나의 첫울음이 골목길을 메울 때
어머니는 산통도 잊은 기쁨이었어라
4월 보리밭, 종달새는 춘궁을 참느라
공중에 매달리고, 나는
초록 바다에서 들려오는 파도 소리며
갈매기의 울음으로 축복받았다
나 그곳에 다시 돌아가
가서 조금만 더 살다 가고 싶어서

독백

밤바다 물안개가 일면
문풍지를 긋는 등댓불,
등대 소리에 놀라
어머니 품에 뛰어들며
조금씩 간*을 키웠지
아마 그 고집으로
여태 詩를 써왔는지도

나, 이제 너무 늙어
더는 오갈 데도 없어
짐짓 내 고독의 포구
분월포芬月浦**로 가네
파도는 나를 설레게
때 묻은 고전처럼
옛날로 출렁거리고

무엇이 나더러
바삐 살며 떠돌라 했나
모두가 그대로인데

나만 겨를 없이 헤매다
지친 나그네였구나
보인다, 저 파도 위에
반역의 갈매기울음도

* daredevil, 저돌적인 성격.
** 호미곶 내 안 끝머리 바닷가.

연수 아제[*]

萬아, 구만 한번 다녀가라–
너 오면 집사람이
자연산 생전복 캐어 주겠다네
'내 아내, 먼 옛날
제주 해녀 아니었나, 니 알제!'

어느 해 고향
아제 집에 하룻밤 묵었더니
'잘 잤냐 춥더냐 덥더냐'
연신 묻고 또 물어 쌓으며
날 아껴줬던 자상한 내 아제

* 고향을 꿋꿋이 지켰던 고 서연수 노인회장.

스냅
-고향 바닷가

 아이들도 이즈음은 다 따로따로 바쁘게 살다 보니 온 가족이 함께 고향 찾는 일이 생경하다 지난 가을, 아내 추석 묘제 지내고 어렵게 고향 바다 여행을 함께 했다 내 평생 이런 날이 또 오겠냐 생각하니 고맙기도 아쉽기도 웬걸 눈물까지도

 새벽 산책길- 갯바위 釣士에게 오늘 물길이 어떠냐 물었더니 여기는 씨알이 작아 재미가 없다 카네 어느 바위틈에 위놀래기 잘 무는지 나는 아는데- 저 釣士 내 고향이 여기인 줄 모르고 허- 오늘 아침 또 헛방이네 하며 연신 줄을 던져놓는다

비치 펜션

해넘이만 있는 호미곶 구만로
작은 펜션에 하루 묵었다

곧, 지는 해와 나를 붙들고
제발 조금만 더 머물러 달라
애원하던, 그 비치 펜션

다 떠나고 혼자될 설움으로
울고 있다 하얀 파도 소리로

너털웃음 파도 소리뿐

마음보다 몸이 먼저 닿아
달리고 달려가고 싶어 간
호미곶 고향 분월포芬月浦

왜 이리 가슴 먹먹해지나
반가와도 시원찮을 젠장
펑펑- 눈물이 먼저 나네

허- 거기 아무것도 없는
파도 소리 내 울음소리로
고막을 깨는 소용돌이뿐,

어느 날, 감포甘浦바다

신라의 외항답게 그날도
천년 넘은 늙은 파도가
밀리며 흐느끼고 있었다

할매횟집 저녁나절
골격이 큰 스님 대여섯
껄껄대며 모여들고

곧, 보름달만 한 쟁반에
생선회 연달아 들어가고
곡주도 수월찮이 들어가

감포는 이렇게 휘어지며
신라도 불국사 남산 佛도
목탁으로 매 맞고 있었다

2부

갈매기

먼 항로를 따라온
늙은 갈매기
오늘도 저문 해안에서 울고 있다

죽음조차 삼키며
비명을 다 마친 갈매기
그 눈에 비친 황혼빛 바다

피살자 〈눈 없는 물고기〉
자객 〈늙은 갈매기〉
목격자 〈냉정한 수평선〉

아, 무섭구나
산 물고기 심장을 파먹은
피 묻은 붉은 부리,
우리가 가고 난 천년 후라도
캄캄한 미지의 성좌도 마음대로 덮칠
소름 끼치는 울음
우는 새

구만 친구

어쩌다 불거져 나온 구만九萬*
슬픈 응어리 같은 반도의 꼬리
언젠가 꼭 돌아가야 할 우리들의 땅

그날 그
부끄럼도 다 버린
속살 드러내 놓고 히히대던 바다
물껍질에 일렁이는
짙푸른 수초 그림자 속을 들락거리며
날쌘 고기떼, 물 공기를 깨고 날던
우리들 동정의 나날은 조금씩
조금씩 비늘을 벗었다

늘 만나는
낯익은 바다의 치맛자락에 휘감긴
치렁치렁 수천 오리 미역의
눈부신 아픔 같은 것도
세월에 버무린 몇 방울 웃음도
아직 방파제 끝 빗돌에 새겨 있겠지

〈
친구여
한없는 무죄로 돌아가자
가난의 동전 한 닢일랑 모래알로
덮어버리고
닻 올려 노(櫓) 삐걱대며
금빛 해맞이로 달려가자

진정, 우리 깊이깊이 숨겨둔 목소리는
잃어버린 품, 그 어딘가
아프게 아프게 울고 있으리

* 호미곶 끝자락에 위치한 작은 마을.

그리운 딴봉[*]

여름 내내 염둥골엔
소금꽃이 피더니 간밤에도
바닷바람이 여린 별빛을 타고
백랍의 은모래를 날렸다

눈 뜨면
저 멀리 딴 봉이 또 하나
눈감으면 금방,
어디로 사라져 버리는
날마다 송도는 모래성을 쌓아가고

내 어린 꿈이 무르익어
가난을 벗으려 집을 떠날 때도
멀리 새로 생겨난 딴 봉들이
아침햇살에 봉긋하게
연분홍 젖무덤으로 곱게 쌓였었다

세월의 골목길을 돌고 돌아
예까지 온

잃어버린 내 사춘思春의 밤 머리맡에
늘 고향 거기쯤서 쌓였다 무너지고
무너지다 쌓이는
그리운 딴 봉,
시금치 밭머리 빈 바구니에
하염없이 눈물을 담던 내 어머니여

＊ 형산강 하류에 모래가 쌓여 섬처럼 이룬 올망졸망한 모래 무덤으로 옛날은 그 일대가 시금치 밭이었다.

내 고향 창천蒼天 바다

늘 출렁이는 바다
호미곶 끝자락에 끝없이 나풀대는
코발트색 바다
그 물빛 털고 솟아오르는 태양은
고비마다 숨을 멈추게 한
붉은 용광로,
바다 궁륭이 함께 탈
각오가 되어 있는 내 고향 蒼天 바다

늘 출렁이는 바다
호미곶 끝자락에 끝없이 나풀대는
코발트색 바다
그 물빛 털고 솟아오르는 태양은
처음부터 아예 금빛인 바다
그 빛의 무덤같이
또다시
蒼天을 삼킨 바다

만선滿船

1
조금 때의 바다는 찌든 땟국을 싣고
갯가에 쓸리는 노을을 자맥질하며
뿔뿔이 흩어졌던 시장기를 데불고 온다

어망漁網에 걸려 퍼덕이는
떼 지은 목숨의 아가미 같은 것
남루의 나부랭이도
펄럭펄럭 깃발로 나부낀다

삶이 아파 삶을 밟는
피멍 진 자국, 피비린내의 소리
함지를 인 아낙들의 갈라 터진 사투리가
몇 마리 銀빛 동전의 배때기를
낚아채는 싸움터

2
헐벗은 목숨인들 어떠하리
비린내 절인 옷자락도

억센 팔뚝, 무디어진 칼도
가끔은 자랑스럽지 않으랴

우리는 어쩌다 바다에 던져졌다
그 누구에게도 떠맡길 수 없는
이 삐걱대는 삶의 노櫓

아배의 아배의 아배가 代물려준
한 척 폐선廢船인들
우리네 가난에 윤기潤氣를 보태는 것
묵은 아우성에 부대끼는 바다여

3
음력 열이레 달밝이 달밝이
상어 빛 비늘을 검게 검게 뒤채는
파도를 타고 치잉칭 칭칭칭
울려오는 징 소리
노오란 등불로 깨어난 밤배들의 머리
닻 올려 고물을 털고 부두를 떠난다

〈
고달픈 꿈을 누일 새도 없이
손짓하며 다가오는 바다,
목쉰 육성(肉聲)으로 우리를 부르는
다시 시작하는 바다

바닷속에서는

1
바다가
제아무리 출렁거려도
동해 바다 물속 식구들의 암약은 놀랍다
여기선 적자생존의 법칙이 진짜 헌법이다

2
뽀글뽀글 물 밖으로 히히힝 말 울음 소릴 토하며
백마 대가리 해마가 어슬렁거리고
가시 돋친 성게는 초병처럼, 용궁에 교신을 위한
안테나를 돌려댄다

3
저것 보소, 곰치 한 마리
좁은 암초 사이를 잘도 빠져나가네
붉은 산호초, 가슴을 턱 열고
누구의 열애쯤 받아주겠노라고 산들 나부낀다

4
갑자기 물살이 흔들린다
순간, 잔인한 포식자 갈라파고스 상어의
계획된 사정거리가
그의 후각, 감각, 청각을 통하여 맞춰진다
저 탕자 앞에 속수무책인 물고기들
혼비백산한다

5
한 가닥 광풍이 지나간 자리
가오리는 화려한 위장술을 뽐내며
우아한 유영을 즐긴다
저 푸르고 차가운 바다
제아무리 출렁거려도 놀 것은 다 논다

소라고둥

바다를 떠났지만 물결 소리로
늘 깨어있는 캄캄한
내 안방 머리맡에
노골로 삭은
하얀 석회 빛 소라고둥

밤하늘, 아득한
별자리에 길을 묻고 있다

오, 내 그리운 소금 배는
어느 섬에 닿았을까
까마득하게
부웅— 소라고둥이 우는 소리
듣고 있을까

그리운 호미곶

오늘 밤도 내 마음은
맨발로 왕자갈을 밟는다

밤 파도 높이 치던 날
등대 불빛이 번쩍번쩍 창호지를
이리 긋고 저리 그어
잠들지 못할 때
만곡으로 휜 호미곶 능선 따라
은빛 보리 이삭 수만 자락이
추수 꿈에 출렁일 때
앞 구만 먹빛 파도,
바람의 회초리로 매 맞으며
갈기갈기 아픈 울음 울던 바다

달 뜨면
까끌까끌한 홑이불 깔고
달빛 젖은 내 살 파도 소리에 닦아
어머니 날 재워주시고
간간이 부엉이 소리로 잠꼬대하다

바람 소리에 소스라치면
내 연한 팔다리에 싱싱한 물이 올라
하룻밤에 자가웃이나 키가 컸던가

안개 바다, 먼 무적霧笛 소리
좌초된 폐선의 종아리를 때리며
곧잘 목이 메는 변방의 푸른 바람도
어머니 살냄새로 불고 있는
그리운 호미곶

분월포 1

어제부터
목쉰 듯 쿨럭대며 몸살 앓는 저
파도 위에, 무슨 진정제라도 한번
뿌려봄 직한 밤바다

바다는 바다 사람은 사람대로
오갈 데 없이 밀리고 밀리다
갈매기들 바람 안고, 돌무덤에
모로 앉아 울고, 바다는
물 두렁에 이는 파도로 울었다
마른 왕대 울타리 속
누더기로 이은 슬레이트 지붕 아래
나도
사시 장천 물 보고 살아가는
분월포 사람들도, 발버둥 치는
샛바람 소리로 자주자주 울었다

분월포 2

그땐, 길 가다가 돌멩이에 다치면
무릎 상처에 된장을 발랐다
가난에도 울지 않던 눈물 없던 때,
협곡처럼 숨어든 바닷가엔 늘 파도 소리뿐
밤바다 멀리 집어등 불빛이
소년의 눈에는 큰 희망이었다

분월포는 봄가을 따로 없이
그냥 그냥 여름이 오고 겨울이 왔다
대물린 빈자들의 겨울 바다는
연명을 도와준 푸른 식탁이었으며
세월이 지나도 변한 것은 없고
하나 둘 사람들만 서둘러 거길 떠났다
달빛 가르는 절벽 바위 그대로 두고

분월포 3

길은 넓어져 포장이 되고
바람은 예나 다름없이 귀를 때렸다
길가의 소란한 엉겅퀴꽃은
꺼끌꺼끌한 잎사귀를 달고
배꼽 내놓고 놀던 나를 기억이나 하듯
흔들흔들 말을 걸었다
양지에서 날아온 등대 갈매기
보리밭을 넘어 달구경 왔는지
부처 바위에 앉아 진 치고 있다
달은 뜨지 않고
산그리메는 아직 어둠에 싸여있다

분월포 4

神 들린 석만 형수는 오간 데 없고
확대 끝에 매단 붉은 천 한 오라기
아직도 혼불처럼 바람에 나부낀다
아, 神도
이 무서운 바닷바람,
끝없이 밀려오는 해조음을 감당하기 어려웠으리
가만히 몽돌에 귀를 대고
바람에 실려 간 징 소리, 소고 소릴 들어본다
유년을 훌쩍 뛰어넘어
오늘에 사는 것도 파도타기처럼
파도는 언제나 파도 위에 설뿐
어제의 파도는 이미 돌무덤이 되었네

분월포 5

이런 밤, 소주를 마셔도 잠들 수 없습니다
달빛 아래 하얀 비단옷 겹겹이 차려입고
춤추며 달려오는 그대여
끝없는 갈채 소리 받으며 달려오는

파도여, 파도여
나는 정말 가슴 설레어 마냥 춤출 뿐
차마 그대를 안아줄 수 없습니다

나 여직 살아서 그대를 다시 보는 것만도
가슴 벅차고 새롭습니다
그래, 분월포 파도니까!!

분월포 6

간다, 간다 날 잡아도
그리 선뜻 가기 힘이 드네

포구산자락에 둥그런 달이 뜨면
요새도 그 여우 골짜기에
밤 부엉이 우는지

나, 누구냐고
늙은 얼굴로 뭐라 한들
차마 알아나 볼 고향일지

시린 바람이야 겁낼 것 없지
다 버리고
작심하고 돌아가는 길,

분월포 7

남은 날, 언제든 꼭 나는 돌아갈 것이므로
멀리 如南항 너머 저녁 햇살 바라보며
저무는 물이랑에 몸을 던질 것이므로

천만 겹 파도에 놀빛이 일어
황금비단을 돌돌 몸에 감고 달려오면
저 영일만은 용광로 같을 것이므로

내 뼈는 불타는 깊이로
뜨거워질 것이므로

분월포 8

다시 분월포여
비바람에 귀 닫고 물이랑 몰아가던
내 아제 아배는
가난이 죄였던 그 싸움터에서
우렁우렁 숨 가쁜 먹 파도였어라

서녘 뭍에 이르면
스산한 황혼 별자리쯤
맷돌질에 멍든 어매의 그림자가
창호 문에 젖고
호롱불빛 파랗게 팔랑대고 있었으니
삶이여,
이것도 역사라고 받아 적지 말라

소 떼 울음소리 뒤의 저녁노을

덩구덩 북소리가 섞여 있다, 가죽 회초리에 두들겨 맞아
게거품 물고 바다는 미쳐서
갈기갈기 제 옷을 찢어발겨 흔든다
한 무리 눈알 부릅뜬 소 떼 울고 간 저녁 바다 물결 위에
시뻘건 노을이 엎질러져 뉘엿댄다
수만 번 불러도 말 못 하는 것이 되어 끝없이 흘러가는
저 피 묻은 서쪽 하늘

또 날이 저문다, 푸른 묏등 위로 길이 저문다
수평선 멀리 굼실대는 돛배 하나, 또 다른 저녁을 향해
한 점 먹물로 번진
겁 없는 목숨들의 징징거림도 보인다

가끔 부글부글 끓어오르다가 차갑게 식었다가, 바람에
스스로 제 몸을 맑히는 먼 불국의 목어처럼
간기에 젖어 눈멀어버린
백발의 파랑을 치다가 어느 뭍으로 스며들어
하얀 소금꽃이 되고 싶은
덩구 덩덩 북소리 들리면

바라만 보아도 찔끔찔끔 눈물 나는
소 떼 울음소리 뒤의 저녁 바다

수평선 1

당신은 언제부터 바다의 끝 간 데를 재보려고
그렇게 긴 줄자를 쳐왔나

하느님, 저 가냘픈 외줄을 당겨주소서!!

염장술

물빛 그림자는 염장도 안 된다
그 푸른 파도의 울음을 송두리째
소금 덩어리에 처박는 염장법을
알아야 그놈이 불멸이다
퍼들퍼들 그물에 꼬리 치듯
죽어서도 숨 쉬는 상상의 푸른 비늘들
소금 창고에 30년이나 절여 묵은 말
드극드극 땅바닥을 긁으면
소리바다를 가를 듯, 싱싱타

파도타기

어려서는 파도 소리에 잠들었고

커서는 파도를 꿈꿨고

어른이 되어서는 소용돌이치는 파도에 휩쓸렸고

늙어서는 파도에 떠밀려

어느 바닷가 외로운 돌무덤이 되었느니

아아, 그런가?

간월도 저편

중절모를 쓰고
바다를 넘어온 달이 솔가지 끝에 매달려 있다
간월도 저편

달은 벌써 아편 먹은 몽유병자
밀물과 썰물을 헛디디며
나도 조금만 지체하면 섬이 되었겠다

開心寺쯤 가서 마음 비울까 했는데
자꾸만 뻘밭으로 몸이 돌아간다
물은 빠지고 서천을 덮던
달그림자가 도요새를 물고 갔다

캄캄한 뻘밭에 바람은 눕고
굴 여무는 소리, 진주알 몸 굴리는 소리

귀가 가렵다
간월도 저편

나는 그래도 구만으로 간다

달을 먹고 달을 토해내는 곳
어쩌면 그곳이 가난한
우리의 미궁이 아닐는지
죽었다가도 다시 태어나는 곳
회귀의 섬 같은 구만,
영영 못 돌아올지라도
쪽빛 파도 자락 당겨 덮고
연한 뼈로 남아도
나 고깃배 불빛 보며 홀로 살리니

붙잡지 마라
나는 구만으로 간다

나의 미역 돌 바다

흑발 가인이 해마다 찾아오는
분월포구芬月浦口
물때 따라 까맣게
눈멀고 귀가 먼 돌이란 돌
죄다 훤히 속살 내놓고
실핏줄 같은 여린 알을 쳤다
바닷길은 날마다 물안개에 젖고
아버지는 왕자갈을 밟으며
긴 한숨 뒷짐 져 날랐다

뼈마디 마디마다
마른미역 줄기처럼 주름 잡힌
아버지의 겨울 바다
온 식구의 치렁치렁한 꿈 오라기
혹 물살에 사라질까 두려웠다

언젠가 나도
차가운 겨울 바다,
부침浮沈의 미역 돌 쓸어안고

숨 가쁜 몽유를 잊고 싶었다
갈 길은 달라도
봄볕 선들바람에 그을려
미역 줄기로나 말라볼까 했다

목선 木船

밤바다에 안겨 늦잠 든 섬이 잔물결 소리에 선잠을 깨다

남의 손 하나 빌릴 수 없는 외로운 섬지기,
용케 대(代) 물린 목선의 노를 저어 삐걱삐걱 새벽 물을 보다

부표를 걷고 추돌을 올려
그물에 딸려 오는 팽팽한 바다는,

당기면 살고 놓치면 죽는 손아귀에 감긴 삶의 밧줄
그러나 오늘은 빈 배로 다시 풀어주는 바다

문어

동해 바다 투망에 걸려 와
장바닥 고무대야에 축 처져 누운
문어 한 마리

파도 무늬로 몸을 뒤채더니
젖은 두 눈알, 빨판 여덟 개로
세상 허명 다 빨아들인 듯

골髓 빈 저, 문어 선비
붓글씨 쓸 먹물만 준비한 채
일 획도 쓰지 않고
시끌벅적한 사람 얘기 듣고 있다

마지막 고비
기막힌 절명시絕命詩 한 수 읊으려고

부처 바위

분월포 앞바다에는

날마다 반야심경을 외는

갈매기들 여인숙이 있다

거친 파도에 매 맞고

갈매기들 벅벅 똥 싸질러대도

늙은 먹구처럼

시다 달다 말 없는 바위가 있다

빗돌

훗날, 호미곶 보리밭 둑에
빗돌 하나 묻어야 하리

내가 남길 것은
빗돌 하나뿐

어리석고 막막하지만
평생 들어온
저 바람 소리 파도 소리
빗돌에 새기고 가야 하리

앞 구만 파도

백마를 타고, 사나흘 전부터 밤낮없이 달려와

미명에 당도하고서야 대성통곡하는 것들

내 난청 귀 뚫어 새벽을 깨우고

스며드는 너울 속의 재갈매기처럼

물속 고리매도 춤추며 너풀대는 시린 겨울 바다

너와 내가 낡은 육필로 다시 떨면서 쓰는

객창을 적시는 일말의 zoom처럼

정처 없어 영영 떠나지 못하는 섬처럼

해변, 자갈밭을 구르는 피사체처럼
내 몸에 모난 것 모두 닳고 닳아

돌이 되는

기나긴 세월이 끝내 여기서 멈추는,

몰개울*의 정구지꽃

저녁이면
먼바다 울음이, 새들과
잠자러 오는 마을
잠시 외갓집 다니러 간
어머님이
그립던 날 있었으니

세월이 가고 또 가도
영영 지울 수 없는 눈물처럼
조금씩 쌓였다가
금방 무너져버리는
몰개울 모래톱에
어머니 흰 적삼같이
하얀 정구지꽃 피었네

그렇게 슬프게
흐르던 개울은, 끝내
바다에 닿았지만
내 어머님이 남긴 발자국엔

오늘도 하얀 정구지꽃만 피었네

※ 동해의 영일만 내 안에 접한 작은 바닷가 마을, 긴 모래언덕
은 요즈음 부추(정구지), 시금치 재배 단지로 변했다.

비 내리는 安眠島에서

온종일 비 내린 여름 오후
낮게 깔린 안면도의
칠흑 같은 바다는 절멸하고 있었다

아픈 아기 신음 소리 같기도
목쉰 어머니 한숨 소리 같기도
파도에 배를 내민 죽은 고기들,
신을 부르는 소리 같기도 한
어지러운 혼성이, 하염없이
쓸쓸한 모래톱에 쌓이고 있었다

흘러간 시간
쌓인 소리는 하얗게 눈 떠서
촉촉이 비에 젖고
솔밭에 외롭게 핀 한 떨기 나리꽃에 나풀대던
흰나비, 허기진 영혼을 데불고
자르르 자르르 울고 있는 바다 끝에 와서
친친해진 빗속을 솟구치며 날고 있는 순간
나는 이미 새가 되어 울었다

〈
우리가 헤어져
수천 년 후에라도
어느 날 우연히 다시 만날
인연을 더듬으며

오늘 밤
천천히 고통의 파도를 떠밀고
낯선 곳으로 바람을 몰아
나의 몸과
나의 흘러간 세월을 몽땅 휘감아
깊은 안면의 또 다른 섬으로
긴 避靜에 들고 싶었다

빼뿡꽃 필 무렵

일곱 살, 대보 초등학교에 입학했다가
얼마 안 가 포항으로 전학 갈 때까지
들녘에 빼뿡꽃 필 무렵이다
구만에서 대보로 학교 가는 길
신작로 옆에
빈 상엿집 하나, 오도카니 무섭게
길을 막았네

숨죽인 몇 발짝 몇 발짝씩
그 집을 지나치면
냅다 뛰었지, 귀신 따라올까 봐
콩닥콩닥 숨차도 즐겁던 고향 봄바람

먼 파도에 감겨온
물미역 냄새도, 그런 것이 그때는
바다 냄새인 줄
그냥 알지 못했네

밤이면 귓전을 맴도는

차알삭 자르르 자르르
돌자갈을 축이며
뭍으로 내밀리는 잔물결 소리
지금은 왜 이렇게 잠 못 드는 소린지
그 까닭도 그때는
그냥 알지 못했네

구만리*, 긴 보리밭길에 서면
아, 나는 자주 눈물 나더라
꽁보리밥에 톡톡 톳 나물을 씹으며
그 많은 식솔들
춘궁을 넘어트린 어머니의 힘 때문

때때로 생각하면, 너무 미덥고 부러운
고향 지킨 상구 형님, 상택이 형님,
연수 아제, 영우, 상민이, 상암이 동생들

그래요, 저 앞 구만 언덕에
상은이 형님이 심고 있는 소나무 그늘 아래

언젠가 푸근히, 낮잠 한숨 자러 갈는지
나 지금은 아득하여도
마음은 언제나 고향에 살아
어느 돌 틈에 붉은 위 놀래기 잘 무는지
나는 기껏, 그 물길만은 조금은 알 것만 같네

* 동해안 호미곶 끝에 있는 바닷가 마을.

노숙露宿

구포 나루에
먼 길 흘러온 주름진 물길 하나 허둥댄다
여기쯤 확 잠길까, 더 흘러가 버릴까
밤새 치댄 물색은 이미 황토빛이다

난바다의 꿈을 안고
만곡의 강물 밀고 달려왔건만
하구의 확 늙어버린 퇴로는
느리고 느린 무덤 길이다
갈가리 찢겨진 끈 풀린 치마폭이다

좀처럼 속마음을 내보이지 않던 바다가,
아프지 않게 천천히
흘러온 물의 발그림자부터 섞는다, 마침내
제 몸을 열어 한 몸이 되어주는 바다
그러나 언젠가 또 버리고 갈 바다

3부

밴댕이젓

아내가,
그 젓갈 맛을 어떻게 알았을까
옛날 추자도로 유배 간 전주 이씨 딸
할아비들의 고독한 바다, 소금 맛을
대물림받았으리라

속이 발갛게 곰삭은 밴댕이를 찢어
소갈머리 없는 내 밥숟가락 위에 척 걸쳐주며
"야, 그거참 맛있네!"
감탄할 내 표정이 보고 싶어
연신 나를 훔쳐보던 아내

세상살이 간 맞춰 잘살아 보려던
짜디짠 아내 냄새가 목덜미를 잡는다

소금짐 지고 먼저 간 아내는 어찌 됐을까
벌써 일 년이 넘어 가을이 오는데
토굴 속 밴댕이 젓갈은 익어 가는데

물 위의 간이역
―다도해多島海

여기저기,

누가 놓았을까
저 징검돌

행여, 바둑을 두다가
신神이 던진 포석布石인지

저것들이
물 위에 길을 놓았네
물 위에 지도가 없었다면
깊은 수심을 건너지 못했을 것이네

바다의 정류장들,

물 위에 떠 있는 간이역이 있어
새는
먼 하늘을 갈 수 있네

수평선 2

낯선 바람 거친 풍랑에
바다의 문짝도 조타실 문짝처럼 낡았다

생의 협곡은 아직도 멀었는데
나침반은 멎고
안개는 자욱하다

여기 어디 수평선이 있다면
남은 생이라도 묶어두련만,

잔술 한잔에도
가슴이 다 젖는데

이곳의 수심을 알 수 없고
동행한 자의 가슴도 오리무중이니

녹슨 닻 하나
질긴 고리라도 있으면 오늘,
이곳이 적소[適所]련만

〈
한 발도 물러서지 않는 안개여
여기 이쯤 질긴 줄 하나가 있었는데

빈 배

폐선 한 척
잔파도가 깨워도
뭍으로는 더 밀리지 않겠다고
늙은 노을을 붙잡고 주저앉았네

가끔 저녁 바다가 적막해
물수제비를 날려보지만
조는 듯, 죽은 듯
저 배는 미동도 없네

조타실 난간 위에 사뿐 내려앉는
갈매기 한 마리
이 배의 주인인 듯, 배의 정수리에
비린 주둥이를 닦고 있네

폐선에겐
갯바람에 허리 굽은 적막이 제격
흘리고 간
물새 울음 쪼가리가 제격

〈
갈매기 입술보다 더 붉은 노을이
날마다 찾아주지 않았다면

저 폐선,
오래전에 숨을 놓았을 것이네

감포 바다

밤바다 집어등 훤히 켜, 밤새
물 보고 온 새벽 부두 통통배
용골을 들었다 놨다 거들먹거리더니
생선 소쿠릴 부려놓곤 외려 살갑다

어판장에 쌓아둔 빈 생선 상자에
연신 코 도장을 찍어대는
한 마리 똥개의 시장기를 따라가다
제바닥, 허름한 목로에 들어
뼈 발라놓은 생멸치 한 접시
맨손으로 초장에 푹 찍어
해장술 한 잔 들이켤 만했다

그 취기에
한나절, 감포 바다가 눈에 달달했다

흔적

썰물처럼 어디로
쓸려가고 싶은 날

하얀 모래톱에, 애써
노잣돈을 찍어대네
금작화*의 잔잎처럼
무한에 지려고

물때 기다리는 저녁 새

* 콩과의 늘 푸른 떨기나무.

솔바람 향기

이십 년도 넘게
소나무를 심느라
다 늙은
빈털터리 우리 형님

스치는 잔바람에도
입을 여는
저, 솔바람 향기가
그의 유산이다

갈매기 굿판

수평선 너머 하얀 고깃배
꽃잎처럼 떠서 흘러간다

물거품처럼 사라진 뱃사람,
깊은 물길에 갇혔다가
씻김굿 줄을 타고 오른다

여보 여보
나는 조금만 더 살다 갈래요 그래야
당신 간 물길 알 것만 같소
당신은 기왕지사 먼저 갔으니
부디 좋은 데 가이소예
좋은 데 가이소예

굿 줄을 당기는 무녀
넋걷이가 한창이다

꺼이꺼이 추임새에 섞여 우는 갈매기

개, 세 마리

언덕 위에 개 한 마리
멀뚱히 바다를 바라보고 섰다

다른 개 한 마리
제 목줄을 자꾸 물어뜯고 있다

또 다른 개 한 마리
흰 구름 흰 파도 번갈아 보며
허기를 달래고 있다

고래의 길

 끊긴 강바닥에 닳아빠진 돌멩이로 퍼져 앉아 어리석은 어제를 돌아보면 밤하늘 자욱한 별들이 자꾸 서쪽으로 기운다

 바다에서 쫓겨났는지 질풍노도가 무서워 도망쳤는지 강바람이 좋아서 바람났는지
 그러다 길 잃어 몸부림치는 늙은 고래여

 지친 눈에 천리 밖 어머니의 바다로 연신 머리 틀며 뿜어대는 저 눈물 같은 물방울
 그 물방울 몽땅 물거품이 될 때까지

고향길

숲실林谷 너머 여서리如西里 지나
호미虎尾 숲 접어들면
어릴 적 가둔 쑥국새 울음이
푸른 분월芬月 파도 위에 뜬다
춘궁 보리밭 질러
백마 타고 달리고 싶던 구만리
시야, 누야 함께 시장기를 때우던
하얀 떼찔레길 스치며 간다

과메기

피득하게 말린 과메기 쭉– 찢어
소주 한잔 걸친다

까만 생미역에
분월포 파도 소리 돌돌 감아

저것 보래
목구멍 넘어갈 때마다
비릿한 기름기에
콧노래가 줄줄 새 나온다

관음觀音의 길

봄바람 따라 구룡포 돌아가면
푸른 보리 이랑 마중 나오고
바다 밑 고리매도 손사래 치네

떠났다가 돌아오고
다시 떠나기도 했던 그 옛날
비포장길
고달픈 이삿짐 속에서
내 어머니 서러운 눈물은 어떠했을까

아무도 없는 고향 바다 언덕
나 오늘 거친 바람에
하염없이 나부끼네

근황 近況

몇 개의 조개껍데기와
갈 데 없는 궁상만 남겨두고
꺼진 해는 어느 연안에서
언 바다를 녹이고 있을까

아직도 진눈깨비 날려
분월포는 분간조차 어려운데
마른 쑥대밭 머리 늙은 해송
벌써 나를 배웅하러 나왔네

파도는 길길이 설레어
내 흔적 지우려 숨이 차다
얼마면 나도 물때 따라
허옇게 사라질 것 다 알면서

끝물

놓쳐버린 생각이
가끔 발목을 잡더니 금방
물 때 따라 멀리 달아나 버린다

깊은 바닷속으로
갈라진 발톱 사이로
쏙쏙 빠져나간 모래알 같은 시간들
나는 언제 정말
싱그럽고 아름다웠던가

어느덧
낯선 섬의 어깨에 매달린
끝물의 나이

나는 지금
어스름에 번지는 마지막 노을처럼
울음도 버린 사람

끝출이와 석방우[*]

 1940년대 동해안 구만리 한 3백여 호 마을은 삼시세끼 초근목피나 톳나물, 진저리, 고리매나물로 보리밥 비벼 춘궁을 버텼다 고깃배를 타도 가난한 끝출이는 아내가 밟아주는 디딜방아 품삯으로 끼니를 때우며 형편이 비슷한 동갑내기 석방우와는 마을서도 소문난 단짝이다 마을에는 태풍이 불 때마다 과부가 늘고 제사도 늘었다 그 두 단짝은 초상 제사 혼사 회갑 등 가가호호 내력과 대소사를 훤하게 꿰차고 있어 그날을 잊지 않고 온 마을을 돌았다 어제도 신동 도근 아재 댁에는 끝출이가 안 골목 상방우 집에는 석방우가 가기로 말을 맞췄다 낮은 돌담 위로 힐끗힐끗 집안 인기척을 살피다가 누구라도 나타나면 끝출이는 석방우를, 석방우는 끝출이를 둘러댄다

 "여기 끝출이 안 왔닝교"
 "아니 끝출이가 여기 올 턱이 있나, 이 사람 석방우 이리 좀 들게"
 "간밤에 형님 기제였네, 막걸리 한잔하고 가게"

 다 알면서도 금시초문인 양 석방우는 머리를 적적 긁으며

"아, 참 난 또 끝출이가 여기 온 줄 알고 왔더니만"

넉살좋게 한 상 받아 게 눈 감추듯 훌쩍 먹어 치우고는 떡이랑 마른 음식은 홀어머니를 위해 손수건에 돌돌 감아 나왔다 두 건달의 행각은 해마다 날마다 계속되었다 그러나 마을 사람들은 항시 처음 일인 양 내색 없이 눈감아 주었다

* 서상은 수필가의 「석방우 이야기」를 패러디한 것임.

나 죽어서*

내 죽어서도 분월포에 가야 하리
천천히 걸어서 대동배로 가던지
호미곶 등대 불빛 따라가다
보리 능선 질러가는,
구만리 밖, 내 사라질 빈자리
거기 찰박찰박
바닷물도 달빛을 끌어당겨
비백으로 출렁이는 곳,
다 떠나고 아무도 그곳에 살지 않아도
나 거기 호롱불 켜고 덧없이 앉아
저녁 오면 치자 빛 노을을 품고
밤하늘 분월을 번갈아 안아보는
내 꼭 돌아가 그곳에
늙은 그림자, 비탈에 뉘일 터

* 호미곶 끝자락 구만 분월포에 세워진 월보 서상만 시비문.

눈물의 무게

까치놀 번지는 저녁 바다
부처 바위 얼굴에 허옇게 수염 달린
간 꽃 보러 오라고
밤마다 잠 위에 쏟아붓는
파도 소릴 짐짓 못 들은 척
베갯머리에 묻어온
나의 떠돌이 바다
말없이 떠나왔으니 말없이 돌아가도
청둥오리 자맥질하듯
어느 날 날개도 없이 격랑에 떠올라야 했다

어머니 등에 업힌 내 유년의 푸른 만곡
치감아 소리치는 분월포 파도야
언제나 너그러워
빈손으로 오라지만
늘 승자는 가볍고 패자는 무거워
어릴 적 엉겅퀴꽃 가시
따끔따끔 내 정수리를 찌르네

을사년 오월 초이레,
선창에 매어둔 쪽배 하나 빌려 타고
내 어머니 하늘나라 가신 날
논골 속등엔 산 까치 떼 지어 울고
포구의 물새조차 맴을 도는데
정작 나는 목 놓아 울
눈물의 무게도 헤아리지 못했네

능노는 물이랑

어느 날 神이
물속에 가라앉은 영혼 달래듯
굿판을 열며 머뭇거리는 바다
욕정을 억누르고 엎드린 바다
물고기 한 마리 솟구치지 않는
바다 위에
비린 살내 물컹하게 농을 치며
오는 타관 바람이여
능노는 물이랑에 보란 듯
다시 올라타는 알몸의 바다여

답답한 날

천생 바다의 피를 타고 난
나, 답답한 날엔
바다에 따지고 싶어
동해로 갔다

거품 물고 달려드는
파도 닦달에
뱉고 싶은 말 도로
꿀꺽 삼켰다

바다는 다 받아준다지만
입조차 떼지 못했다

돌비석 하나

바람 부는 날
호미곶 능선 작은 돌비석 하나,

저녁놀 물린 저것
혹 누구 것인지

말라버린 보릿대로 서서
코 흘리며 듣던 파도 소리까지
다 듣고 있는.

물미역

저 난만한 춤사위
일렁일렁
잠시도 그냥 못 있는
반지르르한 피마자기름 바른
결 좋은 비단머리

간이 짭조름 밴 쪽빛 물맛

미역밭에서

밀물에 들떠서

너울에 운(韻)을 푸는 것은

사릿날 만월(滿月)을 보자 함이다

내 사랑도

물때 따라 다시 올까

저 흑발 미인처럼

바다 묘지

파도는 오늘도 마실 나왔네
뭍으로 데려온 하얀 조가비
모래알 같은 시간을 뱉어놓고
한발 물러서네

내 몸은 먼 해원
혼돈을 깨우려는 소라 귀처럼
바다에 태어나 바다에 죽고
물고기로 자라
다시 우리의 양식이 되리

자정 넘도록 누구의
곤한 잠을 뺏고 싶은 취기
철썩철썩 술 항아리 속에서
희디희게 부서지는 절망

별빛은 가시를 세워 빛나고
바다는 비몽사몽간 왜 자꾸
둥근 무덤을 만들고 있는지

바다 저울

술 취한 파도는
흰 두루마리 추를 들었다 놓네

절름발이 바람은
수평선 눈금을 타넘다 발을 헛디디네

늙은 수부 목도에 매단
그래도 멀쩡한 천길만길 바다

기울어져 출렁대는
바다 저울의 눈금 누가 세어볼 수 있을까

돌아온 꿈

작고 외진 포구에서
소년이 띄워 보낸
푸른 발동선,
고희古稀를 넘긴 오늘
까만 기름 연기 내뿜으며
다시 돌아와
통,통,통, 가슴을 치네
歸去來兮
歸去來兮

접신接神

  내 이 나이에, 그 바닷가 떠올리면 무당이 된 석만네 형수가 생각난다 굿판을 싸돌아다니며 꺼끌꺼끌해진 목청에 눈빛은 돌올했다 그러니까, 내가 갓 스물도 되기 전 그냥 보아 넘긴 기억의 한 토막, 내 외사촌 형님의 아내인 그녀가 왜 무당이 되었는지 자세히는 모르지만 남편 죽고, 바닷가에 접한 그녀의 집은 늘 파도 소리가 그치지 않았다 아마 매일매일 가슴에 불이 일어 잠을 설쳤을 것이다, 젊디젊은 나이에 서방 잃은 그녀를 바다 너울이 어디로 휘감고 갔을 것이다, 아니면 물에 빠져 죽은 서방을 찾아 나섰을 것이다, 내 이 나이에도, 귓가에 자주 들리는 징 소리, 소고 소리, 방울 소리— 성근 대나무 울타리 사이로 신들린 젊은 아낙의 울음소리— 그녀는 아직도 늙은 무당으로 외진 밤 혼불 앞에 칼춤 추고 있을까 뒷마당 돌담 사이, 꺼칠꺼칠한 잎사귀를 비비면서 엉겅퀴꽃이 무성하다 바람에 쓸리는 쓰거운 고독 같다 그래 이 마당에 냅다, 그 탁혈濁血 같은 소리를 내질러 神을 불러서 이젠 죽은 서방 따윈 생각 말아라, 후유— 생각 말아라.

고래 국

구만 보리밭길을 넘어 아버지는
구룡포 장에서 고래 고기 한 근 사 오셨다
어머니는
무쇠솥에 연한 봄 무를 썰어 넣고
고춧가루 뿌려 볶은 후
물 한 바가지 부어 소금으로 간을 잡았다

먼 심해를 헤엄쳐온
수난의 혈흔 울어낸 힘
그 시뻘건 고래 국

되도록 국물 많게 한 사발씩 받아 앉아
서둘러 국물 먼저 훅 들이마시고
남은 국물 더 달래서
식은 보리밥 말아
후후, 땀 흘리며 버틴 시장기

해마다 보리 팰 무렵
문득문득 생각나는 내 소년 적 밥상머리

우리 어머니
우리더러 소도 잡아먹을 나이라며
물배라도 배불리 채우라고
물 많이 부어 끓인, 멀게도 시원한
고래 국

구룡포九龍浦의 밤

부두에 매 놓은 배들의 용골이
덩실덩실, 주막 불빛을 넘보는
밤 구룡포

그 누구, 기다릴 사람 없어도
자글자글 뭍으로 내밀리는
비릿한 바다 울음 때문일까
내 몸의 늙은 비늘을 털어주며
여기까지 태워준
털털대는 완행버스를 보내고
한동안 낯선 미명에 잠겨본다

九龍이 밤을 삼켰나
갈매기도 잠든
먼 유년의 바닷가,
물거품으로 쓰러질 수 없는 꿈
다시 일으켜 세워
출항을 위해 드세게 꿈틀댈 때
〈

목로에서
소주 한잔 걸치고
천천히 시커먼 밤바람 데불고
다무게*로 넘어가며
휘파람 홀로 불며 가는 사나이

* 多木浦, 동해안에 접한 작은 바닷가.

4부

바다 철학哲學

바다는 고금을 다 아네

여긴들 딴 세상이 아닌 이상
우리네 바보 연극
다 탄로 났네

막 수초 속 주름잡는
수려한 물고기들 보면

꼭 누구의 섬이 되진 못해도
수 잠결에 지은 내 물새 집

바람 잘 날 없었네

뱃사람

폭풍우 속
작은 목선 타고 가며
풍랑보다 캄캄해진 하늘이
더 무섭다는 근수 아제

바다에서 태어나
바다밖에 모르는

바람세만 보고도
물결을 휘어잡는
가차 없는
노櫓 놀림을 보면

아제는 짐짓 풍랑 속에
자신을 던진 지 오래다

보릿고개

파도에 밀려온 퉁퉁 불어 반도 더 썩은 보리쌀을 주워 끼니를 때울 때

새끼들 앞에 아빈들 어민들 어이 억장 무너지지 않았으리 살기 위해 먹는지 먹기 위해 사는지 허겁지겁 그까짓 냄새쯤이야 맛이야 나중 일이고 우선 뱃속부터 뭘 채워야 했으니 밥알은 밥알대로 내장에 뱅뱅 돌고 시도 때도 없는 물변 혈변으로 목 타던 춘궁, 아직은 보리누름 멀어 풋바심도 어렵고 산나물, 묵나물에 고구마 감자 강냉이가 이보다야 더 나은 땟거린 줄 빤히 알면서 차마 죽지 못해 죽지 못해 먹었어라

생각하면 까마득한 옛이야기가 되어버린

보살 1

뼈 있는 바위도 별수 없을 거네
'철썩! 철썩!'
각다귀에 귓불을 연달아 맞아
자꾸자꾸 실금이 가도
누구 하나 봐주지 않고
먹구처럼 버티고 선 저 등신
삶의 끝 간 데를 보려고
늘 매 맞고 깨지며
산더미 파도 헤엄치는 부처 바위

보살 2

해안은 짐짓 와불臥佛이다
수평선 너머 살아서 달려올
파도 보살을 기다리는가
먼 불국의 연꽃 바람 몰고 올
파도, 혹 잔바람이 외면하면
술술 관음경觀音經을 읊으며
찰랑찰랑 에돌아오너라
속은 듯 따라온다 눈먼 바다
죽을 줄 모른다 죽은 파도는

부챗살

물 때 지난
마른 바위틈에 꼿꼿이 앉아
선비 노릇 하는 부챗살을 본다

태양이 갓을 밟고
생사의 무게를 달고 있어도
너는, 어느 해국 충신처럼
콧대를 세우고
제본된 서책의 다문 입술로 기다릴 것이다

머잖아 푸른 물 때, 나는 안다
숨겨 놓은 네 마른 눈물 적셔 주리니

세상은 꿈꾸듯 모두가 미망이다
삶이라는 것 언제나
죽은 듯 살고 산 듯 죽은 것 아니던가

북소리

연사흘 바다는 울면서 칭얼댄다
덩치 큰 불평
꿀꺽꿀꺽 너울로 삼키더니
도도한 울음소리
하얀 굴곡에 남겨두었다

한 줌 뼛가루 바다에 뿌린
이날 이적지 소처럼 꾸물대야
풀칠을 면하던
망자들의 소 울음소리

푸른 바다로 띠배를 띄우고
오색 광목 굿 줄을 사르는
신들린 주문도 귀에 닿지 않는
둥 둥 둥 두둥 둥

지친 먹 바다 품속에 한없이
그렁대는 저 비릿한 북소리

불면

장대 높이 파도가 자갈자갈 부서져
자갈밭에 묻히던 곳

수평선 멀리 가물대는 돛배를
바라만 보던 소년의 바다

밤이면 바다도 뭇 배도 다 잠자러 가고

별빛 베고 누운 언덕배기 함석집
호롱불만 누누이 잠 못 이루고

불치병

밤마다
나를 핥고 가는 바다 울음소리

방문 걸어 닫고 누운
수척한 내 몸뚱어리
그 울음에 젖으면

놀 묻은 치자 빛 하늘 물고 와
물너울에 던지며
목이 잠기는 갈매기들

나만 내 병을 몰랐다, 짐짓
만사 접은 돌무덤이 되었음을

사선을 넘어서

풍랑에 실려 휘어진
바닷길

뒤돌아보지 말고
마음 고쳐먹지 말게

그 길이 평생
고해苦海라 했으니

세상에 없는 집

　아기가 고무젖꼭지를 입에 물고 잠드는 거기에도 섬 같은 고요가 있다

　언제 돌아갈지 몰라도 분월포는 세상 떠난 내 어머니 살고 있는 무한 고도, 노을이 지면 해변 자갈밭에 제일 먼저 적막이 쌓였다

　납닥바리* 달 물고 울던 밤, 내 목마른 꿈을 파도 소리로 달래주던 왕대 울타리, 그 집도 신작로 속으로 사라지고

　세상에 없는 집을 찾아 오늘도 나는 분월포로 간다

* 범 새끼, 개호주의 경상도 방언.

소실점 消失點

꿈속의 꿈처럼
길 잃은 괭이갈매기 한 마리

깊은 정적 속으로
둥근 물이랑 속으로
배 한 척 없는 무한의
어둠이 걸어오는 망망대해
그 한가운데로

하얀 소실점으로
희미한 울음 길을 내고 있다

여념餘念의 바다

귀촉도歸蜀道 피 울음에
썰물 지는 저녁

달은 왜 저리
비단이불도 마다할까

지치면 돌아올 저녁 물
차마 가서 아니 올까

내 손엔 진즉 비운
박주잔薄酒盞뿐이어서

호미곶 구만리

솟구치는 햇살을 업고
나를 업고 해조음이 달린다
푸르디푸른 기억들
새근새근 나부끼는 구만리 보리밭으로

지는 해에 물든 치자 빛 창호지
삐걱거리는 돌쩌귀에
마음 끈 하나 비끄러매 놓고

옆구리 결리도록 숨 가쁘게
달려온 맨발에는 굳은살이 박였다

듬성듬성 시간의 징검다리 건너며
가슴 한복판에 자리 잡은
파란 크레파스 속의 구만리

영일만 2

해지는 호미곶 청보리밭
달빛이 금세 마실 나오고
갈매기 울음마저 잦아들면

밤바다 저 멀리 불꽃 잔치
제철소의 용광로 불빛도
정박한 배들의 등불도
가난에 찌든 지난날의
쓰라린 적요를
거뜬히 물리쳤다고

만선의 깃발처럼
보란 듯 물 위에 나부낀다

바람 소리 참고 살았다
파도 소리에 꿈꾸며 늙었다
영일만 친구들

오독誤讀의 바다

평생 바라보아도
내게는 늘 오독의 바다

쉼표 하나 못 찍고
나처럼
가맣게 늙었는지 몰라
어머니도
아내도 데리고 간
바다 너머 성근 잡목림까지
파도 소리 들릴까

울렁울렁
속 비린 덫에 걸려
늙어버린 내 바다

잃어버린 시간

달빛 갈라놓은 분월포 노두길
성근 왕대 울타리 안 병든 아내 위해
당신 몸이야 아낌없이 허물던, 막막한
아버지의 부복俯伏뿐인 집 한 채
해 질 무렵 멀리 영일만 노을이
울금 빛 물결로 넘실넘실
어머니 살 속에 파고들고
아버지 가슴에 피눈물이 고이던
오월 초이레 낡은 문설주를 흔들며
저승 돌개바람이 어머니를 빼앗아 갔다
그 아스라한 적막의 빈집을 아버지는
길을 넓히라고 마을에 내주고
끝내 세상을 떠나셨다
훤히 뚫린 길
덧없이 떠나가신 내 어머니 아버지의
황혼 사랑과 이별
무시로 드나든 겨울 바닷바람도
조용히 잦아들었다
아들은 아버지의 길을 찾아간다
아버지와 꼭 닮은 나의 길

저녁 바다

서산에 해지면
나도 노을 먹은 저녁 바다
노을을 덮어버릴
검은 침묵을 몰라 떨고 있다
내 마음에 들이칠 전율
캄캄한 물때일까
나는 불안하다
누군가 떨다간 자리
아린 은하 물 위로
별 싸라기 정신없이
낡은 향낭 흔들며 올까 싶어

절곡絶曲

여서리如西里*
여서리

야차夜叉 같은 달
백억 파도

밤바람에
깃을 앗긴
바닷새와
나

눈먼 바다
해조음으로
울부짖는

차마
미칠 수밖에
없는
〈

야성의 詩

* 영일만 내 안에 접한 작고 아름다운 바닷가.

조각달이 불러내어

모처럼 들른 낯선 고향집
파도 소리 숙져 겨우 잠 청하는데
창밖 추녀에 낯익은 조각달
파랗게 이지러진 눈으로
빠끔히 날 내려다보네
"아니 너 몇 년 만이냐"
"여태 안 죽고 살아있었나 벼"
예전같이 바닷바람이나 쐬자며
호들갑을 떠는데
난 코가 찡하다

고작 빈손으로 왔으니

태풍

바다엔 진저리 치는 파도 소리뿐
물일 나간 홀아비 아들 기다리며
밤잠 설친 노모

사립문 오가며
밤새 애가 탄 심지
호롱 하나
날 훤해진 아침에도 손에 꼭 들고
왔다 갔다 넋 놓았네

먼 수평선은 아직도 수곡선

파도치는 이유

 바다는 왜 자꾸 뭍으로 속살을 게워내는지, 언제부터 캄캄한 심해에서 고래울음으로 파도치고 있는지, 야성의 몸 가닥가닥 토막 내 꼬리 자르며 왜 쉼 없이 헛구역질만 하는지, 더 역한 목청으로 오늘도 닫힌 사유의 껍질 못 부수고 비릿한 아우성만 뽑아내는지

풍찬노숙 風餐露宿

퇴화한 날개는 추락의 신호
연안은 멀고 샛바람 휘몰아쳐
오도 가도 못하는 늙은 갈매기
허공이 마실 길이었던 것이
금세 캄캄한 무덤 길이다
처진 날개 고쳐 푸덕거려도
자꾸만 그림자로 눕는 밤
이제는 꿈마저 버려야 한다
곧 젊은 갈매기들 돌아올 시간이다

호미곶 편지

등대처럼 외로워도
호미곶 바닷가 돌밭에
30년 가까이
꿋꿋이 소나무를 심는 사람
오늘도 그에게서 편지가 왔다

모월 모일
호랑이 꼬리에 소나무를 심는다고
바쁘지 않으면 다녀가라고
솔향이야
먼 천년에 맡기고
지금은 그저 그렇게
작은 곰솔로만 심자고

해마다 똑같은 사연으로 보내오는
호미곶 편지

바람길

바람 따라 돛 하나 다는데
꼬박 70년이 더 걸렸네

나, 이대로 흘러가면

좋이
백 년 항百年港에 이르리

서쪽

해지는 곳
소 떼 울음소리 서럽던 땅

뙤약볕 아래 간 꽃은 피어
객지客地 같이
낡은 무자위를 밟으면
짠 울음 먹은 새벽별이
밤새 하얀 소금밥을 지어
초라한 아침상 내놓던 땅

날마다 해는 떠오르는데
풍매화風媒花만 애 터지게
노을이 되었다 가는 땅

편서풍

배가 밀린다, 삿대도 밀린다
수평선도 밀린다
천년 넘어 몸살 앓던
오어사吾魚寺 풍경風聲도 땡그랑 밀린다
배고픈 목어가 감포甘浦로 밀린다

가을볕에 몸 말리던
오천烏川 갈밭이 더 밀린다

갈가마귀도 날아가 버리고
다 밀린 길가에
돌들만 부처로 앉아 있다

형님

호미 숲에 나무 심고
바닷바람 잠재우던
서상은* 대물 형님
요양원 구석에서
무얼 꿈꾸시나
시간이 그를 난간에 세우고
밀었다 당겼다
정신을 빼앗아 흔든다
몸부림조차도 거절하면서

* 숨兄. 전 호미수회 회장.

5부

바람의 연서戀書

바람 부는 날,
내 간절한 헌사 허공에 던지면
보리 이랑 타고
그대에게 닿으리

바람 자는 날,
봉우재 너머
까투리 울음소리 들리면
그대 답사인 줄 귀 열어 읽으리

그믐달만 자갈밭에

분월포
청화백자 하늘에서
학처럼 달이 내려
몸 씻던 곳

나이 들어 가보니
그 하늘 없고
그 학도 없고
그믐달만 자갈밭에
쪼그려 앉아 있네

몽매간 夢寐間

오늘 밤은 또 누구에게
젖을 물리려나
차르르 저녁 물드는 소리

갯바위 틈새마다,
눈물 찔찔 짜던 참게들
요리조리 몸 숨기지만

새벽 물때 따라
그 눈물 다 지워지리니

설움에 울고 젖는 건
단지 사람만이 아닐 터

밤바다 별무리에 섞이면
세상사 다 꿈같아서

새여, 아소灣에 쉬었다 가라
—쓰시마, 에보시다케 전망대에서

바람 센 날 새여
아소만 정류장에 쉬었다 가라
길 잃고 우는 바람 껴안거나
잠시 날개를 접고
너무 오래 서성이지는 마라

낯선 풀잎, 속삭이는 갈대
귀鬼벌레 울음들이 너를 유혹해도
거기는 침탈의 군함 몰래 숨겼던
무모한 자들이 가꾼 섬이란다

아직도 태연히
神의 땅인 양 나부껴도
죽은 사람은 다 바람이 되었지만
속아본 사람은 안다

바다 건너 하늘 건너 새여, 멀리 가라
나도 술 한 잔에 낯이 뜨거워
차가운 바다, 석양 물에 비칠대는
한 점 섬이 되어 떠나리니

오륙도

저 바위섬 그냥 보지 마라
갈매기 떼, 창천 차오를 때
그 너설 어디쯤 발 돋워
숨 고르던 자리

만조의 차가운 달 질 때
돌섬이 대여섯
누웠다 일어서고
일어섰다 드러눕고

이래보면 다섯 섬
저래보면 여섯 섬
동해로 동동 떠내려가는
의뭉스런 섬

가끔 사람이 보고플 땐
동백꽃 파도에 실려
배다른 형제처럼 슬며시,

청사포 靑砂浦

메꽃 피는 초여름,
청사포 뭍에 앉아
잔술 달아 홀짝홀짝
날품팔이 되다가

수심도 모른 채
푸른 바다 보고
살았다
푸른 모래 보고
살았다

포효하며 달려드는
파도 맨살에
백 년 원수 같은
푸른 멍이 들었다

詩의 바다

 광막한 바다는 늘 사색의 공간과 파토스를 우리에게 선물한다

 오월 창천, 청보리밭 능선 아래 난만한 쪽빛 바다, 자장가로 들고나는 밤물결 소리, 달을 잉태한 은물결의 희롱, 수평선 멀리 희접(戱蝶)으로 나부끼는 돛단배, 폭풍 후의 적멸, 바윗돌을 깨는 성난 파도 발, 길 잃은 뱃고동 소리를

 밤바람에 깃을 앗긴 갈매기의 피 울음, 눈 오는 날의 아득한 설원, 쌓았다 허무는 모래톱, 검푸른 멍석 이랑을 전리 삼아 절명시를 읊어대는 하얀 물결 소리

 가뭇없이 철썩이다 조용히 물러나는 저 슬픈 비백의 숨소리, 물안개 우는 소리를

 땅은 천천히 바다를 메우고 바다는 도로 땅을 뭉개는 역리 속에 무위와 광기는 영원에 던지는 춤
　가차 없이 흩어지고 모질게 살아남는 맨발의 유희
　어떤 종교와 과학이 이보다 더 위대하고 아름다울까

〈
  우리가 만일 날개 달린 삶이었으면 어땠을까
  회색 포탄처럼 밤 파도를 가르며 으르렁대는 바람과 맞서며 더 높이 더 멀리 더 오래 날아야 하는 고독의 연유를 맨 먼저 깨달았으리
  은반 같은 날개로 구름을 뚫고 쌍둥이 해가 뜨는 하늘나라로 고통 없이 사라지는 해법도 배웠으리

  바다에도 질서가 있다. 한계를 극복하지 못해 추방당한 새는 받아주지 말라는
  자유 인간의 새로 남게
  바다는 우리의 그림자를 묻어주는 봉분 없는 무덤 영혼을 잠재울 철학의 소금밭이네

  바다는 우주의 원형이자 인간의 모향 밤낮 탁발로 일렁이다 뭍으로 돌아올 땐 천파만파의 울음 섞인 해조음으로 우리를 껴안는 전지자全知者이시니

  오, 다 받아주는 그대 詩의 바다여!

다대포의 밤

만포횟집 회 치는 최 씨
갓 건진 도다리 한 마리
도마 위에 올려 일격이다
심연의 모래밭을 뒤지며
자별한 삶의 단막극을 연출했을
꼬리지느러미가 바르르
허공에 유서를 쓰는,

고해성사도 없이
칼 맞은 슬픈 삼류
저기 거꾸러진 불구의 바다가
물고기 연골의 본질 같은 허연
거품을 입에 물고 벅적벅적

다시 시작하는 다대포의 밤
백사장은 하얗게 눈멀고

가자미 낚시

외줄을 당겼다 놓았다 비파 타듯
손끝에 감치는 아린 현의 유혹
늙은 작부의 떨떠름한 입질 같은
애무란 말 분명 밤바다에도 있다

평생 바닥을 헤맨
내 캄캄한 심연의 모래밭을
저 방자한 사냥꾼 참가자미가
물질로 새 길을 내준다는 건가
그를 따라나서는
집어등 불빛, 호르르
야음의 술꾼처럼 자지러질 때

투둑, 사르던 시울이 버둥거린다
팔을 뒤틀며 감기는 오르가슴
솟구치는 무게가 물살을 가르며
나를 뱃전에 처박는다
깊이 박힌 내 상처 피딱지
확 빼버릴
오라, 씨알 탄탄한 진짜 큰놈이다

을왕리 꽃

지평선 끝자락에 걸터앉은
붉은 꽃을 보았네

그 옛날 긴긴 여름날
내 어머니 잔파도를 끌고
푸른 파래 뜯을 때
서천 바다는 늘 가난이었네

확 트인 새벽하늘
내일 다시
두 손 모아 당신을 맞으리
평생 이스트에 부푼 생
곧 낙화처럼 부서질지라도

아픈 책력冊曆

분월포구,
아직도 바닷가를 서성이며
밤마다 혼자 앓는 나의 냉정을

바람 부는 날이라야
참아온 울음을 울 수 있으리

오늘은 옛날 내 어머니
싱싱한 돌가자미 살을 풀어
미역국 끓여주신
따끈한 국 한 사발 먹고 싶네

보라, 저기 모래알처럼 하얀
잔물결 소리만 두런거리잖니−

차라리 섬이라면 몰라도

항구 언저리, 섬도 아닌 것이
밤낮 파도에 매 맞아
천치가 다 돼버린 바윗돌 하나
하필이면 그곳에 운명처럼 붙박여
평생 침묵을 받아들인 천형이여
바다를 향한 유영의 푸른 꿈
혹여 누가 훔칠세라 몰래 감추고
오늘도 제 속살 파고 깎은
금삼錦衫의 피로
즐린櫛鱗의 암각화를 그리고 있다

홍게의 길

코르시카섬 검은 달 뜰 때
배고픈 파르티잔의 투항처럼
저 절체절명의 붉은 행렬들
양팔을 치켜들고
품고 온 알을 바닷물에 턴다
견자의 몫은 달빛 포트폴리오
물수리가 잠드는 한밤쯤이면
설산의 가릉빈가도 무색할
아랫도리까지 부르르 떠는 짓이
꼭 욕토미토의 생불이다

숲실*

숲실! 숲실! 입술에 얹으면
이슬에 젖는 풀벌레 소리

눈 감으면 희붐하게 떠오르는
어머니의 옥색 치마 나들이

귀청 때리는 새벽 참새 소리
노을 문 먼 잔물결 소리까지

그냥 놔두면 영영 묻혀버릴
내 귀는 지금 몇 살인가

* 영일만 내 안에 접한 작은 숲 마을.

살신보시 殺身布施

해풍 들고 나는 바닷가 초가
처마 밑에 내건 그물망에
몇 날 몇 밤이고
날벌레 하나 날아들지 않아
거미는 죽은 척 제 몸을 헐어
죽어가는 새끼에게 보시하네
'얘들아, 에미는 결코―
허약한 목수가 아니란다'
죽음도 불사한 에미의
무덤에서 꽃피는 꿈들의 피
저 섬뜩한 철천의 모성

잠 못 드는 바다

물새는 죽은 다음에도 울고 있었다[*]
다 늙은 유도幽島를 끌어안고

나는 주술사처럼 거푸 피를 뿌려도
바다는 비밀의 꽃인 양 물들지 않고

차갑게 잠든 아이들 돌무덤 위로
하르르 덮이는 하얀 포말뿐이어서

* 김춘수의 처용단장處容斷章에서 차용.

자반 한 손

물결무늬 등에 진 고등어
갈매기 파도까지 따돌리며
넘나던 바다에서

막배로 실려 온
오늘은 푸른 배때기를 열어
염사의 날렵한 안수로

곧 누구 장바구니에 담겨
미라처럼 건너갈 것이네

죽어서도 눈 감지 못한
외로운 혼 낯선 인연 하나
제 살붙이처럼 꼭 껴안고

피 멍든 눈알 치뜬 채로
저 뜨거운 불판 위에
지글지글 소신공양하러 가네
〈

몸을 태워 부처가 되면
고향 바다에 다시 갈까 해서

초겨울 남도南島 아미타불

나, 오동도 건너가
나무 기둥 얼싸안고
파도 소리 젖다가

차마 안 봐도 될
동백 처녀 마짓밥
도로아미타불 보네

핏물도 환장하나
일제히 각혈하는
저 무슨 자진인가

조선소나무

 쓰시마 꼬부랑길에 곧게 자란 측백나무들이 울창했다 배로 칠십 분 거리, 혹 바람결에라도 조선소나무가 건너오지 않았을까 가는 길 내내 차창 밖을 살폈다
 여행 둘째 날 들른 고모다하마 신사神社, 옅은 운무 속에 초라하게 늙은 우리 소나무 몇 그루 만났다 침략자들 손에 끌려온 조선의 후예처럼 우려와 곡절로 휘어져 침묵하고 있는, 도래솔 무릎 아래 눈물처럼 뚝뚝 떨어진 솔방울들 보니 울컥 내 나라가 그리워졌다

남해안 나들이

그간 몇 해 만인가 반갑다 남해 바다
오늘은 재삼이 형* 삼천포 밤바다
두둥실 뜨는 엉덩이 달도 안아주고
초장에 개불로 소주 한잔 걸치고
낙낙한 흥에 겨워 오른 청마문학관
"쯧쯧 낮술 먹고 예까지 올라왔나"
선생님 꾸중 한 말씀 듣고 싶어―
"쌤예 모자람이 가끔 남는다 쿠네예"
초상화 속 검은 안경테에 감춰진
잔잔한 미소에 읍하고 돌아왔네
그래 보니 짐짓 나도 명적鳴鏑이네

* 시인 박재삼.

월보시비月甫詩碑
―세월아 詩碑에 시비 걸지 마라

그대, 미완의 시인
월보月甫는 영일만과 천생연분이다
풍랑 치고 물새 까불어도
실은 그 울음이 그 울음이네

고도孤島처럼 돌아앉은 분월포芬月浦여

나 거기 무슨 자격으로 사전에
신전 같은 긍휼을 베풀겠냐만
곡비처럼 처얼썩 울어 쌓는 저
파도 삼킨 멍돌*로나 버텨라

* 멍(병)이 든 돌.

파도 너머 내일은

밤 내내 찬 별에 쓸리며
좌초된 폐선의 뱃머리를 두들기다
지쳐 누운 겨울 바다
얼음장같이 속상한 파도 소리

내 다시 문안하듯 분월포에 오니
평생 목말랐던 그리움이
자꾸만 부두에 울음으로 쌓이네

방풍림 하나 없는 해넘이 언덕,
이 포구를 떠나야 했던
어머니와의
마지막 작별 때문이었을까

울컥ㅡ대면의 영일만은
치자 빛 낙조로 출렁이고
사랑했던 뉘 이름조차 가물가물
노을에 실려 지워지고 있으니
〈

여기도 그 무엇이 되기엔
역부족인 한대寒帶

시린 홑이불에 녹아드는
먹물 같은 고독을 차마 어쩌겠나
왜 저 바위는 늘 파도에 맞서고
나는 누굴 위해 누구 때문에
이 적막에 울음 물고
설월雪月처럼 떨고 있는지

갈 수 없는 데까지 가보려는
바람의 경전을 넘기며

새벽 일찍 떠난 뱃고동 소리처럼
얼마를 더 아파야
캄캄하고 멀고 먼 파도 너머,
내일에 닿을 수 있을지

들포*를 지나며

산이 푸르고 바다 푸르러도
들녘에 보리 여물 때까진
톳이 춘궁기 효자였다
나 오늘, 어머니 가슴 같은
푸른 들포의 봄이 그리워서
홀로 여기 걸음을 멈춰 섰네
들판 길 걷고 또 걸어도
여기저기가 다 내 고향 산천
어릴 적 길동무 중천의 낮달
눈 침침한 나를 이끌며
분월포芬月浦 저녁노을이나
실컷 눈에 담고 가라 하네
평생 파도에 무참히 밀려도
꿈꾸는 돌로 오래 남고 싶던
망각의 바다 내 슬픔이여

* 호미곶 동안東岸에 자리한 바닷가로 조선 숙종 때의 명유 송시열이 자주 내왕했다는 두일포斗日浦의 옛 이름.

푸른 비린내

새벽 물 보고 오는
고깃배 멀리서
맨 먼저 온 기별은
뱃고물에 출렁대는
푸른 비린내였다

양동이 이고 기다린
선창의 아낙들은
단번에
척, 알아차렸다
'아, 오늘 만선이네'

빛과 그림자들 8

찰싹찰싹 차르르
문지방까지
하얀 잔물결 소리
병 깊은 어머니 잠 깨실까
왕대 울타리 사이로
조심히 내다보던
분월포 밤바다

아픈 맘 삭이려
평생을 울며 매기던
내 어머니 생전의 슬픈 남도창
지금은 어디쯤 밀리고 있나
오늘 밤은 부디
어머니 먼 나라 꿈속에서
한바탕 춤추며 놀다 갔으면

빛과 그림자들 9

떠나온 뭍에 아직도
하얀 조개껍데기는
온전히 살아있었다

밀려드는 바닷물에
목을 축이며
운반선 뱃고동 소리
귀걸이 하고

가물대는 노을까지
빈 몸에 담는, 저
절대고독 백골 미라

빛과 그림자들 19

출렁출렁 접안도 난감하던
독도를 처음 밟은 그날
나도 모르게 그만
눈물이 암전처럼 가슴까지 차올랐다

우리들 몸 어느 끝자리
인두 꽃 피듯
피가 고인 혈 자리 같은 섬

누구든
이 섬에 딴죽 걸지 마라
역사를 바꿔치기하려는
야만의 족속은 미래가 없다

빛과 그림자들 22

그래, 고향이란 늘 마음에만 두자
집도 절도 없는 거기
낯선 뜨내기로 낯선 기숙에 들면
아마 서글퍼서 눈물 나겠지
에라, 그만두자 가슴에 멍들 일
그래도 몹시 그리우면 훌쩍 달려가
그 옛날 고추밭 머리
등대 고동 소리에 놀라 어머니 품에
달려가 안기던 그 언덕배기 서서
먼바다 한참 바라보고 올 것을

고래

고래는 심줄이다
완강하게 버티는
바다를 건너려면
심줄로 바닷물을
촘촘 꿰매야 한다

신들린 날

무당 석만네는 살았나 죽었나

쪽 바위에 앉으면
멀리 왕대 울타리 너머
하얀 희접(喜蝶) 하나
파도에 얹히던 날

서방 잡아먹고 혼이 나가
칼날 밟고 울던 그녀

밤 내내
울음은 불을 살라
소고 소리도 잡아먹고
식은 메를 쌓았으니

혹 내 마음 부정 탈까
눈앞 달빛 바다
껴안아 보지 못하고

풍병 든 들풀처럼
자꾸만 바람 앞에 서성였네

대동배 大冬背*

진종일 애 터지게 울어쌓는
참매미 소리에 마을이 동동
노을 쪽으로 떠내려간다

갈바람에
술 취한 저녁 바다,

부표는 물이랑에 놀아나고
산그림자 기어 내린
돌바우를 끌안고 꾸벅꾸벅
졸고 있는 대동배 바다

* 호미곶 구만 2리에 있는 바닷가 마을.

그, 봄 바다

이 추위 지나면
도다리 살 오른다

참아라
생미역국에
늦자식 하나 보면

그도 새봄이다

6부

어리석은 바다

저녁밥 먹어줄 시장기까지
귀에 묻은 말러*의 파도 소리까지
나의 총총대던 어린 바다여
바다는 어리숙해도 잘도 자라서
겨울 바윗돌에 눈발 치대도
노을까지 물속으로 끌고 와, 뉘
늙어가는 행동거지 엿보고 있다
나도 게 다리만큼 나이를 먹어
옆구리도 엉금엉금 무거워졌다
그래도 울지 말자 바다 앞에선
내 울음 절반 이상 파도에 섞어
뱃고동 소리로 목 놓아 가며
심심찮게 놀다 가고 싶던 바다
살 만큼 살았으니 감개도 무량
수평선에 소주 한잔 걸쳐놓고
돌고래처럼 어리광도 부리면서

* 구스타프 말러.

푸른 비망록

나 여기, 나도 여기 있소
배들의 용골은 고개 쳐들고
북새 구름 깔린 곶(岬)으로
선창을 맴돌던 갈매기는
어서 떠나라
끼룩끼루룩 겹겹이 우네
아, 어느 사나인들
삶에 뾰족한 왕도 있던가
떠났다가 되돌아와야 하는
기로의 허기처럼
밀리다 일어서다 부서져도
우린 짐짓 물처럼 살리니
검푸른 바다 위에 떠 있는
하얀 부표처럼 출렁이며

별이 깜빡일 때

바다가 슬그머니
먹구름을 끌어안으면
어김없이 비가 내린다
그 고단한 일상을
누가 무상이라 했나

스스로 헤매는 자여
다만 허공뿐인 하늘
도도한 자연 앞에
무시로 무너지고 있는
천만 갈래 슬픔을

애잔하고 따분한들
뭘 어쩌겠나, 그래도
어느 운수 좋은 날
그대, 바다 목덜미에
별은 사랑을 구가하리

멸치

바다에서 떼죽음을 당해도
죽어서 더 돌올한 눈동자
멸치는 일찍이 발광체였나
세상일 참 모를 일이다
죽은 몸이 인간의 식탁에
알몸 보시하는 운명이란
영혼을 깨우는 방물장수여
나는 내가 판 무덤 안에서
매일 무얼 꿈꾸며 사나
잠 깨다 말다 또 자고 깨나
밤낮 뜬구름만 잡는 나는

새끼 오징어

잔인한 나의 식성이여
끓인 어미 오징어 배 속의
작은 새끼 오징어

호박 오징어탕에 둥둥
떠다닌 어물이라기엔—
사실을 알고 먹었을까

분명 그것은 태아였어
비록 사생아지만, 난
죽은 목숨 또 죽인 듯

피난길, 1950년 8월

　낙동강까지 인민군이 밀고 내려왔단 소문에 아홉 살인 나는 누나와 범선을 타고 고향 호미곶으로 피난길에 들었다 아낙들 아이들 도합 서른 명도 넘는 피난 배에, 끼리끼리 둘러앉아 각자 챙겨 온 점심을 먹는 시간, 누나와 삼베 보자기에 싸 온 꽁보리밥 고추장 마른 멸치로 점심을 먹는데, 옆자리에 앉은 낯선 사람들, 허연 쌀밥에 갖은 반찬을 다 풀어놓고— 한 아주머니가 힐끗 우리 쪽을 돌아보며, "어휴, 순 목장 밥이네! 쯧쯧" 혀를 차다가 내 얼굴과 마주치자 싱긋 멋쩍게 웃는 것이었다 순간, 내 어린 자존심의 발동 때문이었을까 나는 밥숟가락을 배창에 떨어트리고 말았다 영문 모르는 누나는 조금 지나면 배고파질 테니 어서 한술 더 뜨라 권했지만 난 그 말 듣지 않았다 나이를 보태면서 아주 잊어버렸나 싶더니 가끔 시장기를 느낄 때마다 그때 그 일이 자꾸만 사무쳐 한 마흔까지는 나는 늘 그 피난길에 살았다

구덕포九德浦

녹슨 철길 따라 피뿌리꽃 둘레둘레
먼 장 여는 사이
열두 살 소년은 활짝 늙어버렸다

폐선이 된 11.3킬로미터 동해남부선[*]
나는 구덕포[**] 해안 돌무덤에 앉아
왜 이리 취객처럼 오래 흔들리나

저 멀리 갈매기 떼 늦은 오후
내 유년의 공복을 알고 있는 듯
수평선을 가르며 부리를 박는다

삶이란 늘 대지르고 들썩여야
아픈 녹을 지울 수 있다고, 파도는
흰 날개를 연신 바윗돌에 치댄다

[*] 복선화 사업으로 11.3km 구간이 폐선 되었다.
[**] 부산 해운대 송정동에 있는 해변.

하조대 저녁 바다

결코 별이 될 수 없는
돌끼리 귀를 달래는데
왜 이리 처량하기까지
낙산 해변 들고 나는, 저
요량 없는 파도 소리
뉘 글썽글썽 눈물 흔적
철썩철썩 지우고 있다

영일만 1

불거진 만灣의 자궁으로
붉은 해가 불쑥 솟고
눈 못 붙인 태풍 갈매기
호미곶串 허리를 휘감네

내 푸른 향수야 늘
등대 길 질러가는 구만리*
보리밭을 맴돌지만

해넘이 분월포 바다
두런두런 금이빨에 씹힌
노을 녹은 물결 위로
금세 또 달 뜨는 영일만

* 호미곶 끝 보리밭 능선이 장관인 작은 바닷가 마을.

대마도 기행 2박 3일

첫째 날
 가끔은 우리가 이 섬을 혼내주었나 어딘가 조상 흔적이 더러 있겠지 하며 사방을 두리번거렸다 저녁에는 우리네 시골 여인숙에서 보는 접시 물처럼 작은 욕탕에 몸을 담갔다

둘째 날
 꼬부랑길 키다리 측백나무를 보고 생각났다 언젠가 교토 어느 신사에서 50미터도 넘어 뵈는 이음새 없는 통나무 마룻바닥을 본 적이 있다 혹 여기 조선 소나무가 없나 하고 창밖을 내다봐도 보지 못했다

 에보시다케 전망대에서 바라본 아소만의 섬들,
 저들끼리 팔짱을 끼고 둘러앉아 무얼 자꾸 쑥덕거리는 소리를 덩치 큰 까마귀 한 마리가 까르륵까르륵, 나를 알아듣지 못하게 지절댔다 저녁나절 들른 고모다하마 신사—운무에 갇힌 늙은 우리 소나무 몇 그루 꼭 끌어안았다

셋째 날

아침상 단무지 두 쪽, 김치 생각에 자꾸만 젓가락이 헛돌았다 조선통신사 행렬 옆에 발가벗은 자들의 옆구리에 찬 단검을 훔쳐보았다 최익현, 덕혜옹주 눈물이 자꾸만 가슴에 사무쳐 발걸음이 무거웠다

귀로의 뱃길,

누가 지율$_{知律}$이라 했던가, 장경$_{藏經}$ 바다 건너며 솔직히 한 번쯤 뒤돌아보고 싶은 그런 맘 별로 없었다

모란이 지려는데

고향은 먼 데, 파도 소리 더 높다
보리밭 타령에 씨감자 다 내주고
멀찍이 바라만 보는 떠돌이로다

어머니 산통 끝에 내 첫울음이
음 4월 붉은 모란으로 피었으니
그 집 그 울타리 어이 잊으리

범 꼬리니 뭐니 하며 목매달던
나보다 더한 사람* 또 있는데
이젠 다 늙어서 샛바람만 부네

* 숨뫼 서상은 전 호미수회 회장.

망부석望夫石

그대 떠나더니
돌아오지 않아

목 빼놓고 있는
九萬 芬月포구

파도는 조금도
잦아들지 않고

나는 벙어리
돌대가리 되어

섬(島)

그렇게 홀로 두고 와서
너는 섬이 되었고
나는 홀로 떠나와서
나 또한 섬이 되었다

동해소묘

〈독도〉

역사를 왜곡하는
인간들
정신 차려라
네들 자꾸 까불면
지각地殼도
가만있지 않으리

〈호미곶〉

호미虎尾로 탁 치면
동해 물도 출렁
태백산맥 일어난다
茶山도 다녀간
구만분월포芬月浦에
이름 없는 시인
시비 하나 서 있네
비탈에 누워도

달은 별을 재우려
잠을 설치고
월보月甫* —
밤의 무게를 안고
쓰러지면 일어나고
울다가도 웃고 가리
장난꾸러기 월보

* 시인 서상만.

포물선抛物線

포물선 따라 훌쩍 떠났다가
무지개도 뱃고동도 없이
통통통 검은 연기 뿌리며
젖은 소금 배로 돌아왔다
아배도 어매도 아내도 죽고
부두엔 백기를 든 갈매기만
못 본 체 울고 있었다
아, 외로움만큼 두려운 것
세상 어디 또 있을라구
선약된 도깨비 운명처럼
굽이치는 긴 풍랑 건너며
내 꿈은 짐짓 목 놓았지만

갈매기 近況

날마다 하늘이 무거워져
처진 날개 그림자로 눕는
거친 파도길이 제 일생이었다

헐겁고 뭉툭한 발톱으로는
파도를 낚아챌 수 없어

저 걸인 갈매기
이제 사람이 던져주는
새우깡이나 물고 배를 채운다

홍도紅島에서

석양 아래 장경藏經 바다

내가 쓴 이 대목은
초라한 부록이네

아, 저 깃대봉 올라야
극목極目이겠는데, 할!

다시, 나의 창천蒼天 바다
−호미곶 분월포芬月浦여

두고두고 노래해도 안 물리는
내 고향 창천 바다 분월포여
간다 간다 하면서 자주 못 가서
염치없는 영감쟁이로다, 이젠
바다에 배 띄울 재주도 없고
초로初老 적 안면 다 떠나고
호젓이 영일만 파도만 바라보는
무료한 나들이 빈객 신세
어쩌다 집도 절도 없는 고향
하룻밤쯤 눈 붙이고 올까마는
파도 소리 잠귀에 자꾸 고여서

소년이, 노인이 되어

옛날 작은고모 작고 예쁜 눈
잔물결 같은 잔잔한 음성에
잔 인정까지 찰찰 넘쳤었지
호미곶 外岸 세기* 고모집은
어머니와 등댓불 따라 걷던
나의 가장 가고 싶던 곳
세월이 어떻게 흘렀는지
고모는 언제 돌아가셨는지
그마저 모르고 타관 생활만,
초로初老의 어느 해 버스로
고향 가는 길, 차창 너머
어렴풋 낯익은 그 골목길
폐가의 지붕만 눈에 들어와

* 현, 포항시 남구 호미곶면 강사리.

구만리九萬里* 비

구만리에 비가 온다
길옆은 낭떠러지 바다
꼭이 바닷길 질러가려면
소리쯤은 감추고 가렴

파도 소리 물보라가
맷돌에 마른 콩 갈듯
탁탁 널 무시할 거야

이말 저말 다 역겨우면
호미곶 긴— 보리밭에
지심이나 잘 매도록
살포시 뿌려나 주고 가렴

* 포항시 남구 호미곶 끝머리 구만리(지명).

대왕고래

고래가 딴 별로 헤엄쳐가지 않는 한 우리 삶의 방식과 별반 다르지 않다 숨 쉬고 몸부림치고 소리쳐 우는 것, 온몸으로 공복을 이겨내는 힘 대왕고래까지

고래가 날지 못한다고 맹물인 줄 아나 심줄로 꿰맨 질긴 지느러미가 있다 산더미 물이랑도 매어 칠 꼬리가 있다 삽시에 솟구쳤다 유유히 사라지는 고래의 미궁에는 어떤 음모가 있나

사라지는 모든 것에 대한 상상은 우리를 더 오래 바다에 머물게 한다 우리들 다 살아있어야 할 존재니까

대왕고래울음의 절량絕糧은 얼마까진가, 188데시벨이라면 천둥소리보다 높은 물이랑도 한입에 물어뜯을 괴성이다 그러나 후렴은 우리를 슬프게 한다

등허리에 긁힌 상처는 삶의 훈장 세레나데 악장으로 유영하는 자태는 화려한 무용수의 춤처럼 아름답다
〈

그대 오대양 어느 해안에- 결사의 톱날 아가리로 허기를 채우는지 세상사 고래 심줄처럼 질겨야 살고 사악한 음모에도 속아 나지 않는다 그러나 유념하고 또 조심하라, 저 포경선 작살은 뭐라 해도 비극이다

갓길

나 다시
북새구름처럼 울긋불긋 피고 싶어
바람받이 언덕에서 바닷길 바라보니
파국 같은 파도 소리

저 파도 왜 한사코
갓길로 달려오나
금세 돌아갈 길인 줄 다 알면서

채곽기 採藿期 *

여기서 저기 안 보이는 데까지
대물림해 온 긴 연안이 한때
아버지 삶의 터전이었을 때가 있었다

해마다 차가운 봄 바다에
까만 미역 잎이
무성한 파도를 이겨낸 개선장군처럼
깃발을 흔들고

달포 내내
쇠스랑으로 베어 올린 물미역을
자갈밭에 펴 말리며
바람과 볕에 타 들어간
아버지 손등은 하얀 간 꽃이 피었다

춘궁 앞에 선비도 없었다

마른미역을 방 가득 쌓아두고
천하제일 부자처럼 잠자던 아버지

코 고는 소리에 먹물도 다 말랐다

* 미역을 채취하는 시기.

밤바다

갈매기는 참가오리 등을 타고 심연에 꽂히고
저기 제철소 용광로 불빛은
주정뱅이 갈지자로
비틀비틀 물이랑에 줄 넘고 있다

누가 바다에 별 싸라기를 뿌렸나
검푸른 사기잔에 금빛 물고기들
늙은 낙타 등을 타고 꾸벅꾸벅 사막을 건넌다

파도에 몸을 부풀리는 내 밤바다 둥근 무덤에
갓 구워낸 무쇠 북소리

바다에 묻힌 젊은 혼령들
물구나무 너울 타고 돌아 나오네

차마 할 수 없는 말

해 길고 따갑던 초가을
한 번도 뽑아 들지 못한
빼붕꽃* 보며
울음을 키우던 나도 이젠
울대가 커져 커져
파도처럼 목이 쉬었나 보다
다만 그리움 하나
북채 내려놓듯
자갈밭에 묻어두고
풀잎처럼 시들고 있다

* 붓꽃의 경상도 방언.

겨울 바다

뭍으로 치닫는 율려律呂 참 예사롭지 않네 물새도 건너가 가버리고 볼모 잡을 사람도 마땅찮은 겨울 바다, 귀청을 훔치는 하얀 물결 소리 민망한 몸살 오, 차가운 직성直星의 꼬투리 오만한 교활이여

부산 釜山

남포동 '명작 名作'*
내 먹다 둔 술 한 병
아직 거기 있을까

지하 계단 내려가면
반색이던 그 여인,
아직도 그 나이로
젊어 있을까

밤새도록
마도로스 하얀 웃음
뱃고동 소리 새나던
백몽 白夢의 그 술집

* 부산 남포동에 있던 유명 주점.

모래밭 연정戀情

다대포 백사장에서
양손 가득 모래를 소복이 담았는데
손가락 사이로 솔솔 모래가 샌다
발가벗은 모래 알갱이의 속삭임이
난청인 내 귀를 부여잡고
소곤소곤 꿈을 꾸자는 유혹이다
모래알에 마음 뺏긴 날

홍련암 紅蓮庵 해당화*

홍련紅蓮은 진흙 속 화엄이지만
해당화는 바람이 흔들어야 하고
파도처럼 나부껴야 하리

철썩 처얼썩-
동해 바다 파도 보살들이 들락날락

홍련암 부처님이 법문하시네

"만물의 불성이 다 같을 수 없지
해당海棠은 타락하지 않으려고
제 몸에 바늘을 꽂았네"

* 해당화 줄기에는 무수한 바늘(가시)이 꽂혀있다.

꿈 지우기

내 손에는 술이 반 잔
이 정도면 치사량은 못되어도
나를 데우기는 충분해

눈먼 포구
저무는 바람맞이에 서서

울먹이는 객기, 울분
하찮은 고뇌
마음의 잔해까지 몽땅 털어
저 바다에 던져버린다

| 후기 |

그동안 나의 「바다 詩」들 중에 미발표 신작과 시집으로 엮지 못한 작품, 또 시집에 실은 작품들을 함께 정리하여 『평생平生바다』라는 이름으로 새 시집을 엮는다. 무릇 바다야말로 지구별을 살리는 생명수이며 자유와 영예와 도취와 비극을 통해서 인간의 몸과 마음을 세탁하는 세정제가 아닌가. 내 유년은 가난한 바닷가— 해맞이와 해넘이 바람 소리와 파도 소리 갈매기 울음 뱃고동 소리를 보고 들으며 자랐다. 그로부터 여든이 넘은 오늘까지 나는 늘 바다처럼 출렁이는 영혼으로 살아왔다. 삶이 무엇이라고 때로는 울고 웃고 괴로워하며 고향과 객지를 무던히 들락거렸지만. 고향 떠난 지금도 마음은 늘 고향 바닷가의 잔물결 소리에 젖어있다. 멀지 않아 그대, 바다는 또 나의 영원한 무덤이 되리니 세월에 버림받고 몸과 마음 병들면 모든 것 다 잊어버리고 그때는 분명 나도 그대가 받아주는 바다가 되리니 결코 잠들 수 없는 밤바다가 되리니.

지성의 상상 시인선 046

평생平生바다

초판 1쇄 발행 2025년 4월 10일

지 은 이 서상만
펴 낸 이 한춘희
펴 낸 곳 지성의 상상 미네르바
등록번호 제300-2017-91호
등록일자 2017. 6. 29.
주   소 03131 서울특별시 종로구 율곡로 6길 36, 월드오피스텔 802호
전   화 02-745-4530
전자우편 minerva21@hanmail.net

ISBN 979-11-89298-70-8 (03810)

값 12,000원

* 이 책은 전부 또는 일부 내용을 재사용하려면 반드시 저작권자와 미네르바의 동의를 받아야 합니다.
* 이 도서의 국립중앙도서관 출판시도서목록은 서지정보유통지원시스템 홈페이지(http://seoji.nl.go.kr)와 국가자료공동목록시스템(http://www.nl.go.kr/kolisnet)에서 이용하실 수 있습니다.